Sabine Claus

Mein allerbestes Jahr

Ziele erreichen – dem Leben Richtung geben

Ausführliche Informationen zu jedem unserer lieferbaren und geplanten Bücher finden Sie im Internet unter ↗ http://www.junfermann.de. Dort können Sie unseren Newsletter abonnieren und sicherstellen, dass Sie alles Wissenswerte über das Junfermann-Programm regelmäßig und aktuell erfahren. – Und wenn Sie an Geschichten aus dem Verlagsalltag und rund um unser Buch-Programm interessiert sind, besuchen Sie auch unseren Blog: ↗ http://blogweise.junfermann.de.

SABINE CLAUS

MEIN ALLERBESTES JAHR

ZIELE ERREICHEN – DEM LEBEN RICHTUNG GEBEN

Junfermann Verlag
Paderborn
2015

Copyright	© Junfermann Verlag, Paderborn 2015
Coverfoto	© Masson – fotolia.com
Illustrationen	© Sabine Claus
Covergestaltung / Reihenentwurf	Christian Tschepp

Wir haben uns bemüht, alle Urheberrechte zu berücksichtigen, sofern wir die Urheber ausfindig machen konnten. Falls Urheberrechte nicht ermittelt werden konnten, wenden Sie sich bitte an den Verlag unter infoteam@junfermann.de.

Satz JUNFERMANN Druck & Service, Paderborn

Bibliografische Information der Deutschen Nationalbibliothek

Die Deutsche Nationalbibliothek verzeichnet diese Publikation in der Deutschen Nationalbibliografie; detaillierte bibliografische Daten sind im Internet über http://dnb.d-nb.de abrufbar.

ISBN 978-3-95571-420-8
Dieses Buch erscheint parallel als E-Book.
ISBN: 978-3-95571-450-5 (EPUB), 978-3-95571-451-2 (MOBI), 978-3-95571-452-9 (PDF).

Ihnen

und

Ihren Wünschen

gewidmet.

Inhalt

Vorwort

Schon allein die Lektüre von *Mein allerbestes Jahr* wirkt wie eine wohltuende Ermutigung in dieser bewegten Zeit. Woran genau liegt das?

In den letzten Jahren ist es zu einer wahren Flut von Publikationen in den Bereichen Selbstmanagement und Selbsthilfe gekommen. Dies ist kein Zufall, sondern der Versuch, Lösungen anzubieten in einer Welt ständiger Erreichbarkeit und der Auflösung traditioneller Grenzen, die bisher Orientierung und Sicherheit gegeben haben. Dabei prasseln so viele verschiedene Erwartungen, Aufgaben, Bedürfnisse und Angebote auf uns ein, verbunden mit perfektionistischen Botschaften, allem gerecht werden zu müssen. Das kann so niemand schaffen. Diese postmoderne (manche reden schon von metamoderne) Welt erleben viele Menschen voller Widersprüche und Paradoxien. Einerseits wird uns ständig suggeriert, dass wir völlig selbstbestimmte, freie Individuen seien und natürlich auch so agieren und reagieren sollten. Andererseits wird gleichzeitig ein enormer Konformitätsdruck erzeugt, indem uns die Medien vormachen wollen, wir seien erst dann wirklich genügend wert, wenn wir perfekte Leistungen, ein perfektes Outfit, die perfekten Beziehungen vorweisen – und dies stets gut gelaunt und „ganz easy". Unter diesem Druck, immer „mithalten" zu müssen, ist es kein Wunder, dass sich bei sehr vielen Menschen ein chronisches Gefühl von Unzulänglichkeit entwickelt und damit verbunden innere Unruhe, Unzufriedenheit, Selbstzweifel. Und ebenso wenig verwundert es, dass sie sich als Spielball äußerer Kräfte wahrnehmen, ständig bemüht, die perfektionistischen Erwartungen zu erfüllen und erfolgreiche „Selbstmanager" zu sein.

In Beratungen und Therapien erlebe ich immer wieder, dass Klienten zwar viele der Selbsthilfestrategien aus der Literatur kennen, es aber nicht schaffen, sie so „einfach" umzusetzen, wie es dort angepriesen wird, und sich dann noch unzulänglicher fühlen.

Das Buch von Sabine Claus unterscheidet sich für mich von vielen dieser Angebote durch seine ausgesprochen differenzierte und kluge Art, auch die natürlich auftretenden Ambi- und Multivalenzen, die auf dem Weg zum individuellen Ziel auftreten, ressourcenorientiert aufzugreifen und zu nutzen. Sabine schafft es, in diesem intellektuell bereichernden und motivierenden Buch, die komplexe, vielschichtige Dynamik, die für eine erfolgreiche Selbstwirksamkeit berücksichtigt werden muss, behutsam und doch sehr praxisorientiert zu erfassen und zu durchdringen, und dies ohne je „marktschreierisch" billige Vereinfachungen anzubieten.

Viele bekannte Selbstmanagementkonzepte bieten vorrangig einseitig kognitive Lösungsstrategien an. Ambivalenzen und Mehrdeutigkeiten im Leben der Menschen werden nicht genug berücksichtigt. Deshalb kommt es zu inneren „Kämpfen" zwischen willentlich bewusster „Vernunft" und den (wie die Hirnforschung klar zeigt) stärkeren unwillkürlichen und größtenteils unbewussten Prozessen, verbunden mit viel Selbstabwertung, z. B.: „Ich schaffe es einfach nicht!" oder „Das darfst du nicht, das steht dir nicht zu!". Sabine Claus bietet einen befreiend anderen Weg. Achtungsvoll registriert sie all die Strebungen und Kräfte, die von innen und außen der Zielverwirklichung im Wege stehen könnten, und macht deutlich, dass auch diese zunächst als hinderlich erscheinenden Kräfte durchaus als Kompetenz und als wichtige Werthaltungen verstanden werden und für eine ganzheitliche Lösungsentwicklung genutzt werden können. Sie zeigt in einfühlsamer und differenzierter Art Wege auf, wie man eine konsequente Zielfokussierung mit dieser Haltung verbinden kann. Dabei setzt sie das sehr gut um, was man im hypnosystemischen Konzept „Utilisation" nennt, nämlich alle auftretenden Kräfte so zu bewerten und zu behandeln, dass man sie für eine optimale Synergie gut nutzen kann. Die Kraft für eine Veränderung kommt aus den Quellen der bisher schon bewährten, vertrauten und Sicherheit gebenden Strategien.

Gleichzeitig bietet sie praktische Anleitungen dafür an, wie man sein gewünschtes Erleben systematisch aktivieren kann. Die moderne Neurobiologie und hypnosystemische Konzepte belegen, dass Erleben nie konstant ist, sondern in jeder Sekunde neu gestaltet wird durch Fokussierung von Aufmerksamkeit und Bildung bzw. Reaktivierung von Netzwerken von Erlebniselementen. Dabei verfügen Menschen über ein riesiges Erlebnispotenzial (autobiografisches Gedächtnis), welches ihnen meist gar nicht bewusst ist. Die Hilfen, die Sabine Claus aufführt, lassen sich sofort praktisch wirksam einsetzen. Ich halte sie für hervorragende Unterstützungen, die auf kluge Art und Weise vermitteln, wie man effektiv „am Ball bleiben" kann, auch wenn vielfältige Ablenkungen auftreten.

Gut gefällt mir dabei auch die Art, wie mit dem sogenannten „inneren Schweinehund" achtungsvoll umgegangen wird, ist er doch nichts anderes als ein anderer Ausdruck unserer Bedürfnisse.

Besonders freue ich mich bei der Lektüre darüber, dass bei aller praktischen Wirksamkeit und allem ermutigenden Optimismus immer deutlich bleibt, dass wir endliche Wesen sind, die eben nicht omnipotent sind und die erst richtig zu ihrer optimalen Kraftentfaltung kommen, wenn diese Endlichkeit gewürdigt wird und nicht als Problem behandelt oder negiert wird. Gerade dadurch, dass dies achtungsvoll berücksichtigt wird, erhält das Buch einen besonderen Tiefgang und stellt klar: Es geht nicht nur um optimales „Funktionieren" in einer Leistungsgesellschaft, sondern um Sinnerfüllung im Leben und auch darum, sich eingebettet zu wissen in größere Zusammenhänge, in stimmige Beziehungsnetzwerke, vielleicht sogar in spirituelle Zusammenhänge. Das „Ich“ entsteht und wird erst als erfüllend erlebt in der Begegnung mit dem „Du“, wie Martin Buber zeigte. So bietet das Buch viele schöne Anregungen für das, was die Leitperson der deutschen und europäischen Familientherapie, mein väterlicher Freund und Förderer Helm Stierlin, „bezogene Individuation“ genannt hat. Dabei werden in ästhetisch schöner Weise dem Leser hilfreiche Ideen in Frageform angeboten statt der sonst oft zu findenden oberflächlichen oder gar egoman besserwisserischen Anleitungen. Das tut richtig gut! Im Sinne von Rilke wird der Leser angeregt, in die Fragen „hineinzuleben“ und so allmählich die eigenen, individuellen Antworten Schritt für Schritt eigenständig zu entwickeln, immer in dem Wissen, dass ein ständiges flexibles Navigieren in den unbeständigen Gewässern des Lebens erforderlich ist.

Ich wünsche diesem Buch eine umfassende Verbreitung, denn auch mit seinen schönen Metaphern und Geschichten, welche die unwillkürliche Selbstorganisation der Leser anregen können, hat es das mehr als verdient, und ich bin sicher, dass es als optimale Burnout-Prophylaxe dienen, dass jeder Leser großen Gewinn aus diesem Buch ziehen kann. Ich jedenfalls werde es den vielen Menschen, die zum Beispiel zu uns in die sysTelios-Klinik mit Burnout-Problemen kommen, sicher sehr empfehlen.

Dr. med. Dipl. rer. pol. Gunther Schmidt

Leiter des Milton-Erickson-Instituts Heidelberg

Ärztlicher Direktor der sysTelios-Klinik für psychosomatische Gesundheitsentwicklung Siedelsbrunn

Einleitung

Im Herbst 2013 begann sich in meinem Leben leise etwas zu verändern. Ich hatte, wie die meisten Menschen, bis dahin viel gearbeitet und gekämpft gegen die Umstände und meine zuweilen melancholischen Gedanken. Müdigkeit war zum allgegenwärtigen Normalzustand geworden. Täglich musste ich mich morgens aufraffen, um einigermaßen aufstehen zu können. Ich hatte einige Misserfolge zu meistern gehabt, rappelte mich wieder hoch, aber mein Leben fühlte sich oft mühsam an. Zwar gab es schon immer eine Fülle an Freude und Glück in meinem bisherigen Leben, und ich versuchte täglich, mich daran zu erfreuen. Doch Nachdenklichkeit begleitete mich wie Hintergrundmusik auf Schritt und Tritt.

Ich bewunderte Menschen, die scheinbar mühelos durchs Leben gehen und optimistisch bleiben, auch wenn sie schwierigen Umständen gegenüberstehen. In meiner Arbeit als Organisationsberaterin, Coach und Trainerin durfte ich schon viele Menschen dabei unterstützen, ihre Ziele zu erreichen. Vor einigen Tagen erst wieder verabschiedete sich ein Kunde, ein erfolgreicher Geschäftsmann, von mir mit den Worten: „Sie haben mir in einem Maß geholfen, das ich zu Beginn unserer Zusammenarbeit nicht für möglich gehalten hatte.“ Warum gelang es mir selbst nicht? Auf der Suche nach dem Erfolgsrezept in diesem Coaching erinnerte ich mich an die plötzliche Energie im Sitzungszimmer, als der Geschäftsmann vor dem Flipchart stand, auf dem er seine Zukunftsvision skizziert hatte. Er strahlte und war von Freude und Leichtigkeit erfüllt. Die Kraft schien jedoch nicht allein von seinem Zukunftsbild zu kommen, sondern aus dem Bewusstsein für das, was er von diesem Bild bereits hatte. Einige Tage lang dachte ich über dieses Erlebnis nach. Fragte, was es für unser Leben bedeutet. Ich begriff, dass eine klare Zukunftsvision, gepaart mit dem Gefühl von Dankbarkeit für das, was wir bereits an Hilfreichem in der Vergangenheit erhalten haben, eine immense Kraft freisetzt. Wir sind das, was wir denken. Diese Erkenntnis ist nicht neu. Und doch fehlt es uns häufig an einer bewussten Fokussierung unseres Denkens in die von uns selbst gewünschte Richtung. Stattdessen galoppieren unsere Gedanken wie ungestüme Wildpferde durch den riesigen Raum unserer persönlichen Erlebniswelt und machen, was sie wollen.

Seither übe ich mich täglich darin, mit einem bewussten Fokus achtsam wahrzunehmen und zu denken. Und weil ich anders denke, fühle ich mich anders. Und weil ich mich anders fühle, handele ich anders. Und das wiederum fühlt sich gut an. Konkret begann ich, zwei Dinge zu tun: erstens tiefe Dankbarkeit zu empfinden, für alles, was mich heute und in diesem Augenblick bereits an Gutem umgibt und was ich in der Vergangenheit erfahren durfte. Ich fokussiere meine Gedanken bewusst auf das

Gefühl der achtsamen Dankbarkeit. Zweitens meine Zukunftswünsche aufzuschreiben, sie bei mir zu tragen und mich in der Gegenwart zu freuen, dass sich deren Erfüllung bereits anbahnt.

Dieses Gedankengut wurde unter anderem von einem meiner Lehrer und Berater Dr. Gunther Schmidt geprägt. Von ihm lernte ich eine Fülle von Möglichkeiten kennen, für meine Kunden und mich selbst, die Wunsch- und Zielerreichung auf erfrischend spielerische Art zu begünstigen. Dabei geht es darum, die Aufmerksamkeit so intensiv wie irgend möglich mit Verantwortung auf Umfeld und Umwelt sowie auf die eigenen Potenziale zu fokussieren. Auf diese Weise entsteht eine Art Magnetfeld der Wunscherfüllung: Es gleicht einem Schneeballsystem, mit Hilfe dessen Positives aus der Vergangenheit zur Wunscherfüllung in der Zukunft immer ein Stückchen weiter verstärkt wird. Ich kann die Verbindung von Vergangenheit, Gegenwart und Zukunft und die entstehende Energie deutlich wahrnehmen. Erstmals in meinem Leben hüpfe ich morgens an vielen Tagen vor Freude aus dem Bett. Natürlich gibt es immer noch Stimmungstiefs, bessere und schlechtere Tage. Aber die Konzentration auf Dankbarkeit und meine Wünsche hilft mir in den schwierigeren Zeiten zuverlässig jedes Mal.

Einer meiner größten Wünsche ist es, einen Beitrag zu leisten, dass möglichst viele Menschen Klarheit darüber erlangen, was sie sich für ihr Leben wünschen, was ihre Herzensanliegen sind, wie sie ihre Potenziale ausschöpfen können und wie sie dies bestmöglich erreichen können. Zugleich habe ich erfahren, dass präzise formulierte Ziele und bis ins Detail durchdachte Maßnahmenpläne zur Zielerreichung eher kontraproduktiv sein können. Sie lösen oftmals nur mehr Druck aus, als wirklich zu nützen. Leichtigkeit ist gefragt. Und der Mut, Unerwünschtes loszulassen. Deshalb spreche ich im Folgenden bewusst nicht von Zielen, sondern von Wünschen. Sich etwas zu wünschen klingt leichtfüßiger, als beharrlich ein Ziel zu verfolgen. Zudem schwingt beim Wort Wunscherfüllung auch immer noch eine Ebene mit, die uns durch reine Vernunft nicht erschließbar ist. Es geht also auch um Unbewusstes, um Fügung beziehungsweise um die Wahrnehmung von günstigen Momenten für die Wunscherfüllung.

Die Idee eines interaktiven Begleiters in Buchform, wie Sie ihn hier in den Händen halten, wurde von meiner Passion für das Tagebuchschreiben inspiriert. Außerdem von meinen bald erwachsenen Kindern, die ein Internat besuchen und sich in ihrem Schulalltag täglich mit Erfolg vom sogenannten Kollegsplaner begleiten lassen. Die schier unübersichtliche Anzahl an Ratgebern mit unterschiedlichsten Ansätzen im Blick habe ich mir die Frage gestellt, ob es denn wirklich noch einen weiteren braucht, und diese Frage für mich mit „ja" beantwortet. Ich möchte mit diesem Buch eine Version eines Ratgebers vorlegen, von deren Wirksamkeit ich zutiefst überzeugt bin. Der Grund: Sich regelmäßig hinzusetzen und aufzuschreiben, was in Bezug auf die eigenen Wünsche und Herzensanliegen gut und was weniger gut gelungen ist, eine Selbsteinschätzung vorzunehmen, die eigenen Fortschritte zu reflektieren, birgt eine große Kraft. Ich nenne es „ein Logbuch führen" – das Wunsch-Log. Die Kraft der kleinen Schritte erleben und immer ein Stückchen mehr zu sich selbst finden. Ich habe über viele Jahre erfahren, dass regelmäßiges Schreiben eine der kraftvollsten Quellen der Selbstreflexion und Selbstentwicklung überhaupt ist.

Nach Fertigstellung einer ersten privaten Testauflage im Eigenverlag im Jahr 2014 und der vielen erfreulichen und ermutigenden Rückmeldungen der Erstleserinnen und Erstleser ist hier eine nochmals überarbeitete Version entstanden. Dank des Junfermann Verlags, meiner Lektorin Katharina Arnold, der pragmatischen Hilfestellungen meines Ehemannes, dem stetigen Zuspruch meiner Familie und einiger lieber Freundinnen und Freunde ist dieses Buch nun öffentlich zugänglich. Damit hat sich einer meiner großen Wünsche erfüllt – ich hoffe zu Ihrem Nutzen, liebe Leserin, lieber Leser. Ihr persönlicher Wunschbegleiter *Mein allerbestes Jahr* soll Sie auf freudvolle und inspirierende Art Ihren Wünschen näher bringen.

Ihre Sabine Claus

1. Begleitung zur Wunscherfüllung

1.1 Was Wunscherfüllung mit Selbstbestimmung zu tun hat

„Manche Wünsche haben wir in der Kindheit begraben, still unter einen Stein gelegt.
Lange Zeit haben wir den Stein noch heimlich besucht,
bis wir den Stein und den Wunsch endlich vergaßen.

Eines Tages aber kommen wir zufällig an dieser Stelle im Garten vorbei und entdecken:
Der Stein lebt, Moos und Gras wachsen darauf.“

(Theodor Fontane)

Echtes Leben bedeutet: seine eigene Sache machen, sich um seine Herzensanliegen kümmern. Doch vielfach ist in unseren Köpfen noch ein ganz anderer Glaubenssatz abgespeichert. Menschen, die über ihre eigenen Wünsche nachdenken und über deren Erfüllung sprechen, gelten landläufig als Egoisten oder als selbstbezogene Vertreter der Ellenbogengesellschaft. Da tauchen Begriffe auf wie Selbstverliebtheit, Selbstsucht, Gier oder Eigennutz. Schon allein das Wort „Selbst“ erscheint vielen Menschen verdächtig, gerade in unserer modern geprägten Welt der Teamplayer, Partner und Solidaritätsgemeinschaften: Alle Krisen dieser Welt werden gewissermaßen vom Selbst verursacht, wofür andere Leute in irgendeiner Form bezahlen müssen.

Ernsthaft über seine eigene Sache, über seine innersten Wünsche nachzudenken, gilt in den Augen vieler nicht unbedingt als ehrenwert. Aber, was noch bedenklicher ist, auch in unseren eigenen Augen nicht. Hingegen gilt der Einsatz für die anderen, die Gesellschaft, die Firma, die Familie, die Freunde, den Verein, das Gemeinwohl immer als gut, edelmütig und selbstlos. Eine solche Einstellung ist bestimmt lobenswert. Sie kann uns jedoch dabei im Weg stehen, unsere Zukunft individuell und nach den eigenen Vorstellungen zu gestalten. Es ist höchste Zeit, dass wir uns ohne schlechtes Gewissen mit unserem Selbst und mit unseren Wünschen beschäftigen. Welche Rolle möchten Sie in Ihrem Leben, in unserer Zeit und in unserer Gesellschaft wirklich ausfüllen? Um diese Fragen beantworten zu können, kommen wir nicht darum herum, uns mit uns selbst zu beschäftigen – ganz selbstbezogen. Damit man sich selbst bestimmen kann, seine eigene Sache auf seine eigene Weise machen kann, sich seine Wünsche erfüllen kann, braucht es Selbstbesinnung.

Machen Sie mal einen kurzen Selbsttest:

Gedankenexperiment: Selbsttest Selbstbestimmung

Erinnern Sie sich an die vergangenen 24 Stunden Ihres Lebens. Mit was haben Sie sich beschäftigt? Falls Sie gerade Schreibzeug zur Hand haben, können Sie eine Tabelle mit drei Spalten erstellen:

Selbstbestimmte Aktivitäten	Fremdbestimmte Aktivitäten	Weder noch

Wenn Sie möchten, können Sie diese Liste auch als Balken- oder Kuchendiagramm darstellen oder wie hier als „Pizzaausführung“:

Was ging Ihnen durch den Kopf, als Sie diese Übung machten? Bedauerten Sie innerlich, dass Sie sehr fremdbestimmt sind? Arrangierten Sie sich zugleich damit oder versuchten Sie, sich selbst zu beruhigen? Ärgerten Sie sich über Ihren vollen Terminplan? Oder im Gegenteil, machte Ihnen die Leere Ihres Alltags Angst? Oder fühlten Sie sich wie ein Schiff im Nebel, das nicht so richtig weiß, wohin es eigentlich unterwegs ist und wofür? Vielleicht waren Sie auch ganz zufrieden mit sich?

Diese Übung hat mit Selbstbewusstsein zu tun: Bewusst hinsehen, mit was wir unsere Zeit verbringen. Für einen aufrichtigen Blick braucht es Mut, denn möglicherweise gefällt uns nicht, was wir auf unserer Liste sehen: Vielleicht ist die Spalte „Fremdbestimmte Aktivitäten" zu voll. Oder Ihnen gefällt insgesamt nicht, was Sie aufgelistet haben, da Sie sich vor allem mit Routinetätigkeiten beschäftigt haben. Routine klingt dann schnell einmal nach langweiligem, erwachsenem Leben mit vielen Verpflichtungen. Aber auch nach vielen bereits gemachten Erfahrungen, denn Routine stellt sich erst nach einer gewissen Zeit des widerholten Tuns ein.

Egal, wie zufrieden oder unzufrieden Sie mit Ihrer kurzen Bilanz sind, wie selbst- oder fremdbestimmt Sie Ihre Tage verbringen: Leicht ist es nicht, zu entscheiden, wie man wirklich leben will. Aber es lohnt sich, darüber nachzudenken, was denn nun eigentlich die eigene Sache ist. Denn sonst erfüllt man vielleicht zu schnell oder unbewusst nur die Wünsche der anderen und nicht die eigenen. Die eigenen stellt man hinten an oder vergisst sie gar im Laufe der Zeit. Der Schweizer Kinderbuchautor Linard Bardill illustriert dies wunderbar in seinen Geschichten aus dem blauen Wunderland anhand der Frau Brummbär: Frau Brummbär ist Mutter der kleinen Bärin Muzzina und Ehefrau des Brummbärs Beltrammetti. In der täglichen Frage, was gekocht werden soll, gibt es stets nur zwei Alternativen: Spaghetti, das Lieblingsessen des Töchterchens, oder Honigomelettes, das Lieblingsessen des brummbärigen Ehemanns. Auf die Frage des Erzählers, was denn eigentlich Frau Brummbär gern hätte, erfährt man, dass sie selbst darüber noch nie so richtig nachgedacht hat. Ein treffendes Beispiel, wie schnell wir versucht sind, aus Sorge oder dem Gefühl der Verpflichtung die eigenen Wünsche entweder im Unbewussten zu belassen oder sie hintanzustellen.

Wunscherfüllung und Erwachsensein hängen zusammen

Unser Thema selbstbestimmte Wunscherfüllung hat auch einen Zusammenhang mit Mündigkeit und Erwachsensein. Denn Selbstbestimmung lässt sich nicht verordnen. Sie entsteht aus dem freien Willen heraus. Wer seine eigene Sache machen will, muss in erster Linie wissen, wer er ist und was er will. Außerdem hilft es, mit sich selbst gut auszukommen. Wir tun gut daran, uns in Selbstliebe zu üben, die nicht von den Meinungen anderer abhängig ist. „Wer nicht weiß, wer er ist, kann auch nicht selbständig denken", sagt die Philosophin Susan Neimann (*NZZ am Sonntag*, 24.02.2015). Sie vertritt in Ihrem Buch *Warum erwachsen werden?* die These, dass es nur möglich ist, wirklich erwachsen zu sein, wenn man das Gefühl hat, einen Teil zur Welt beitragen zu können. Susan Neimann bedauert es, dass viele Erwachsene resigniert haben, ihre Träume und Wünsche aufgegeben haben und keine Abenteuer mehr erleben. „Sie sind todlangweilig – und da steckt ja auch schon das Wort Tod drin." Ihr Rezept: Sinnvolles tun, auch ohne damit den Lebensunterhalt zu verdienen. Die Frage, die wir uns im Zusammenhang mit selbstbestimmter Wunscherfüllung stellen werden, lautet: Was ist für mich ganz persönlich sinnvoll? Was für den Einzelnen sinnvoll ist, muss jeder für sich selbst herausfinden. Hierbei ist es nicht ganz einfach, bei sich selbst zu bleiben und sich nicht von den vielfältigen Erwartungen der anderen beeinflussen zu lassen. Zudem kann es herausfordernd sein, sich von stetig kreisenden negativen Gedanken zu verabschieden, die sich unter dem Deckmäntelchen „Ich bin ein tiefgründiger Mensch" in uns eingenistet haben und uns davon abhalten, unsere Wünsche herzhaft zu realisieren.

Gedankenexperiment: Was wolltest du früher mal werden?

Die Vorstellungen, Träume und Wünsche aus der Kindheit, wer oder was wir einmal werden wollen, können ein Schlüssel sein, wieder besser mit uns selbst in Kontakt zu kommen. Einer unserer Nachbarn beschäftige sich schon als kleiner Junge fast ausschließlich mit Schiffen. Er malte sie mit Farbstiften oder Straßenkreide, baute sie mit Lego oder anderen Materialien und verkleidete sich gerne als Kapitän. Heute macht er eine Lehre als Schiffsbauer. Er ist dabei, seinen Wunsch, der sehr früh in ihm angelegt war, zu verwirklichen.

Was wollten Sie einmal werden?

Denken Sie kurz darüber nach. Wie sollte Ihr Leben aussehen? Wie wollten Sie sein? Notieren Sie hier Ihre Gedanken:

Wir werden in Kapitel 4 wieder darauf zurückkommen. Es kann ein guter Kompass auf dem Weg zur selbstbestimmten Wunscherfüllung sein, sich seine Träume aus Kindertagen wieder ins Gedächtnis zu rufen. Diese Träume entsprangen unserem damaligen Wesen, ohne allzu angepasst an die Realität zu sein. Frei und selbstbestimmt.

Selbstbestimmung sichert unsere persönliche und kollektive Zukunft

Eine solche Selbstbestimmung ist alles andere als egoistisch. Sie steht nicht im Widerspruch zu einer funktionierenden und lebensbejahenden Gesellschaft, sondern ist gerade ihre Voraussetzung. Ein Mensch, der erwachsen geworden ist, kann auch Verantwortung übernehmen. Für sich selbst und natürlich für andere. Wer weiß, was er am liebsten tut, was er am besten kann, was ihm liegt, und diese Fähigkeiten, Gaben und Talente pflegt, kann sich und andere nach vorn bringen. Das klare Ziel einer entwickelten, lebensbejahenden Gesellschaft, einer Gemeinschaft wie Familie, Freundeskreis oder die Firma muss demnach eine möglichst große Gruppe von Persönlichkeiten sein, die sich selbstbestimmt selbst verwirklichen. Stellen wir uns vor, wie es wäre, wenn jeder von uns eine Stunde am Tag ohne Ablenkung und Störung Energie in seine ganz persönliche Sache investieren würde. Wahrscheinlich hätten wir dann einen Kreativitätsschub, wie wir ihn noch nie zuvor erlebt haben.

Ein modernes Verständnis von Selbstverwirklichung

Vielleicht fühlen Sie Unbehagen, wenn Sie das Wort „Selbstverwirklichung" lesen. Einige denken dabei an Menschen, die sich auf Kosten anderer ein nettes Leben machen: Meditation in Taiwan beim Meister, Malen im Engadin oder das Töpferatelier im Untergeschoss des Einfamilienhauses – finanziert vom überlasteten Ehemann oder der Mutter, die das Geld wiederum geerbt hat. Oder die Rabenmutter, die sich auf Kosten ihrer Kinder selbst verwirklicht und Karriere macht. Oder der frustrierte Familienvater inmitten seiner Midlife-Crisis, der sich nach Jahren zu einer Scheidung durchringt, natürlich auf Kosten der verlassenen, hilflosen Ehefrau. Dies soll nicht unter Selbstverwirklichung verstanden werden. Es geht nicht um ein selbstverwirklichtes Leben auf Kosten anderer. Vielmehr geht es um das, was im Englischen *individual fulfilment* heißt: Selbstverwirklichung im Sinne der Ausbildung oder auch Erfüllung der Persönlichkeit. Eine andere englische Übersetzung lautet *self-realisation*, also die Selbstvergewisserung, bei der im Zentrum steht, seine Begabungen und Fähigkeiten einzuschätzen. Also um ein sorgfältiges Abwägen zwischen Vertrauen, Verantwortung und gesunder Skepsis.

Wunscherfüllung kann anstrengend sein

„Wir sind nicht nur verantwortlich für das, was wir tun, sondern auch für das, was wir nicht tun."

(Jean-Baptiste Molière)

Selbstbestimmung und seine Wünsche zu erfüllen bedeutet auch zu lernen, sich zu organisieren, sich selbst in den Griff zu kriegen, sich selbst zu führen. Das kann anstrengende Arbeit bedeuten, bei der man mit Gegenwind rechnen sollte, Rückschläge zu verkraften hat und vielleicht auch ein oder mehrmals so richtig nass wird. Es bedeutet aber auch, sich nicht von sich selbst ablenken zu lassen von den permanent auf uns einwirkenden Fremdbestimmungen, Selbstzerstreuungen und Wettbewerben, z. B. im Internet oder im Beruf. Die stetige Aufforderung zum Vergleich, zur Messung des vermeintlichen Erfolges, zum Casting und zur Selbstdarstellung in den sozialen Medien zielt vor allem darauf ab, sich selbst zu verkaufen und in den Augen der anderen gut dazustehen. Dem entgegen steht eine gesunde Selbstliebe, die es erlaubt, Dinge auf meine Art zu machen und nicht auf die Art, die andere von mir erwarten.

Haben Sie Lust auf diese Reise zu mehr Selbstbestimmtheit bekommen? Auf eine spannende Reise, auf der Sie selbst und Ihre Wünsche die Hauptrolle spielen? Auf eine Reise für Erwachsene oder für Menschen auf dem Weg dahin? Auf eine Reise, auf der Sie sich selbst besser kennenlernen werden? Auf der es darauf ankommt, herauszufinden, was Sie sich für Ihr Leben wirklich wünschen? Auf eine Reise, bei der Sie auf Unerwartetes stoßen werden und die Ihnen ziemlich sicher eine Menge Spaß machen wird? Dann lade ich Sie ein, einen Ausflug in Ihr innerstes Selbst zu unternehmen. Für den Moment alle vermeintlichen Erwartungen, die andere Menschen an Sie stellen, auszublenden. Und ganz offen zu fragen und nachzuspüren, was Sie sich selbst für sich ganz persönlich wünschen. Wenn einige oder auch nur einer Ihrer wahren Wünsche offenkundig geworden ist, fühlen Sie sich mit Hilfe der Inspirationen in diesem Buch eingeladen, sich um Ihre persönliche Wunscherfüllung zu kümmern. So, dass Sie unterwegs oder am Ende Ihrer Reise sagen können: „Das war wirklich ein gutes Jahr, vielleicht sogar mein bestes, mein allerbestes!"

1.2 Warum Sie diesen Wunschbegleiter verwenden sollten

Dieser Begleiter in Buchform soll Sie dabei unterstützen, sich zunächst Ihre Wünsche bewusst zu machen. Dabei geht es nicht um Wunschdenken, bei dem die Realität durch ein erwünschtes Ergebnis verdrängt wird. Vielmehr sollten wir uns auf die Suche nach dem machen, was uns ursprünglich und zutiefst ausmacht. Was ist wie ein Saatkorn in uns angelegt und noch nicht oder noch nicht gänzlich zur Entfaltung gekommen? Erst die Einheit zwischen unseren Gefühlen, Empfindungen, Wahrnehmungen, wahrhaftigen Regungen, Gedanken und unserem Körper macht uns innerlich vollständiger, zufriedener und letztlich auch gesünder. Unsere Wünsche sind demnach als in uns positiv besetzte und sehr tief sitzende innere Bedürfnisse zu verstehen. Eine vielleicht schon lang verschüttete Sehnsucht, die wir wach werden lassen und deren Erfüllung uns erlaubt, ein Stück mehr wir selbst zu werden. Unabhängig davon, was die Menschen, zu denen wir dazugehören wollen, von uns erwarten. Der Wunsch scheint schon zu wissen, was ihn erfüllt. Er ist Ausdruck der gewünschten Zukunft.

Unsere Wünsche können die Zukunft beeinflussen, weil sie Ziele zeigen und weil sie motivieren. Deshalb sollten wir sorgfältig und bewusst mit unseren Wünschen umgehen. Egal ob sie persönlicher oder altruistischer Natur sind. Uns allen stehen sehr viele Handlungsoptionen zur Verfügung, sodass man aufgrund der schier unendlichen Wahlmöglichkeiten oft Schwierigkeiten hat, sich auf Wesentliches zu fokussieren und sich zu entscheiden. Hinzu kommen das dynamische Tempo und das zunehmende Maß an Fremdbestimmung in unserer Hochleistungsgesellschaft, die den Zugang zu den eigenen wahren Wünschen verdecken können. Aufgrund der schier unbegrenzten Wahlmöglichkeiten kann es außerdem passieren, bei der Verfolgung eines bestimmten Wunsches zu leicht und vielleicht auch ein wenig zu leichtfertig aufzugeben. Wenn das eine nicht klappt, versuche ich eben das andere. Deshalb möchte Sie dieser Wunschbegleiter ermutigen, an Ihrer Sache dranzubleiben. Egal welche Wünsche Sie haben. Zugleich kann es hilfreich sein, darüber nachzudenken, was Sie vielleicht loslassen möchten. Denn viele von uns haben sich ein übervolles Leben zusammengestiefelt. An Erwünschtem dranbleiben und Unerwünschtes loslassen – darum geht es in diesem Buch.

Gedankenexperiment: Landkarte der Wünsche

Möglicherweise haben sich bereits jetzt beim Lesen dieser Zeilen erste Gedanken in Ihrem Bewusstsein gemeldet. Deshalb sind Sie eingeladen, sich inspirieren zu lassen und diese Impulse wahrzunehmen und vielleicht auch aufzuschreiben.

- Welche Wünsche sind spontan aufgetaucht?
- Was möchten Sie loslassen?

Hier können Sie eine erste Landkarte Ihrer Wünsche erstellen:

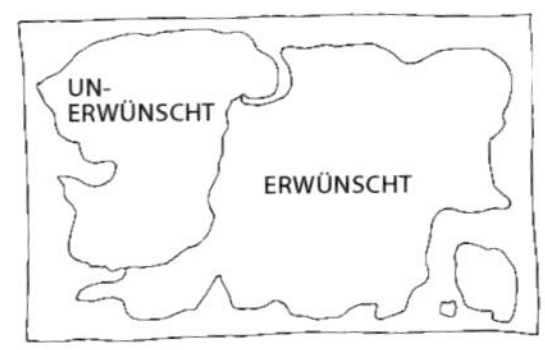

Ob Sie die Beziehung zu Ihren Kindern oder Ihre Gesundheit verbessern wollen, eine hinderliche Verhaltensweise ablegen oder eine förderliche hinzugewinnen möchten, ein sportliches, ein geschäftliches oder ein gemeinnütziges Ziel verfolgen. Sie werden immer vor den gleichen Fragen stehen. Wie finde ich heraus, was ich wirklich möchte? Wie kann ich meinen Wünschen ein Stück näher kommen? Wie motiviere ich mich, zu beginnen? Wie gehe ich mit Hindernissen und Rückschlägen um? Wie kann ich Dinge verändern? Wie kann ich mich selbst weiterentwickeln? Wie kann ich einen großen Wunsch realisieren? Wie bleibe ich dran? Wie komme ich ein Stück weiter?

Wahrscheinlich ist alles, was uns bei unserer Wunscherfüllung helfen könnte, schon einmal gedacht, in Ratgebern aufgeschrieben, in Gesprächen gesagt oder tatsächlich getan worden. Ein schöner Gedanke unser gemeinsames Weltwissen betreffend, der sehr verbindend mit dem Lauf der Zeit und den Menschen darin wirkt. Gleichzeitig sollten wir bedenken, dass wir die Wunscherfüllung nicht nur aus Büchern lernen können, sondern dadurch, dass wir sie leben, etwas ausprobieren und Neues wagen. Da jeder Mensch einmalig ist, kann es nichts geben, was immer für alle funktioniert. Deshalb ist es wichtig, dass wir das eine oder andere ausprobieren. Hierzu finden Sie in diesem Buch verschiedene Inspirationen. Prüfen Sie, was Sie für sich persönlich passend finden, Sie anspricht und Sie deshalb verwenden möchten auf Ihrem Weg zur Wunscherfüllung. Wenn Sie alles in diesem Buch ausprobieren wollen, wird das einige Zeit beanspruchen. Ich schlage Ihnen ein gemächliches und entschleunigtes

Tempo vor, dafür mit Kontinuität und Ausdauer. Ganz nach dem Motto des Buchautors und Meditationslehrers Peter Wild: „Wer langsam geht, geht weit." Bitte ersparen Sie sich hektische Aktivitäten in „Ab-jetzt-wird-alles-anders"-Manier. Lieber immer mit der Ruhe. Einen Schritt nach dem anderen.

Was Sie in diesem Wunschbegleiter finden

Sie werden in diesem Buch eine Fülle von Inspirationen und Impulsen finden, wie Sie Ihre Wunscherfüllung begünstigen können. Außerdem führt Sie ein roter Faden in Form von Wochenblättern durch die Zeit, in der Sie auf dem Weg zu Ihren Wünschen unterwegs sind. Diese Wochenblätter sind Ihr persönliches Logbuch. Ihr Wunsch-Log. Sie finden begleitende Anregungen sowie Ideen zur Selbstreflexion, die zum Motor Ihrer Wunscherfüllung werden. Erwarten Sie keine Patentrezepte. Erwarten Sie Überraschendes, Verblüffendes und Spielerisches. Sie erhalten Impulse zum Nachdenken und zur Verfeinerung Ihrer Wahrnehmung. Sie erhalten Möglichkeiten, Komplexes zu reduzieren. Sie gewinnen Klarheit, um sich auf das Wesentliche in Ihrem Leben zu konzentrieren. Sie lernen, zu reduzieren, zu ordnen und Schwerpunkte zu setzen. Sie finden eine verlässliche Begleitung in der Erfüllung Ihrer Wünsche.

Wie Sie diesen Wunschbegleiter optimal nutzen

Dieses Buch ist sowohl Begleiter als auch Arbeitsbuch. Sie können es entweder nur lesen oder ganz konkret damit arbeiten. Der Wunschbegleiter ist ein echtes Buch und keine weitere App auf Ihrem Handy. Es lädt Sie ein, Dinge zu reflektieren und auszuprobieren. Das Buch ist auch als E-Book erhältlich. Zugleich sei Ihnen die gedruckte Variante besonders ans Herz gelegt. Der Grund: Das Lesen von Bildschirmtexten hat Einfluss auf das Textverständnis. Bildschirmtexte unterstützen die mentale Rekonstruktion eines Sachverhaltes nicht so, wie ein gedruckter Text. Außerdem erhöht die Papierversion durch das haptische Feedback das Erinnern und fördert die Reflexion. Sie können das Buch täglich in die Hand nehmen und damit arbeiten. So, wie Sie Ihr Leben täglich in die Hand nehmen und es gestalten. Sie können darin lesen, hineinschreiben oder -zeichnen, regelmäßig oder spontan. Sie können vorwärts- und rückwärtsblättern und damit Vergangenheit und Zukunft optimal für Ihre Gegenwart nutzen. Dieses Buch soll Anregungen zur Erfüllung Ihrer Wünsche geben. Die Antworten und Wege für Ihre persönliche Wunscherfüllung sind bereits in Ihnen angelegt, vielleicht aber noch nicht offensichtlich oder nicht unmittelbar zugänglich und abrufbar. Alle Inspirationen in diesem Buch sind praxiserprobt. Ich empfehle Ihnen, mindestens 20–30 Tage am Stück hintereinander mit dem Buch zu arbeiten.

Denn es sind im Schnitt 20–30 Wiederholungen notwendig, um aus einer neuen Verhaltensweise eine liebgewonnene und nützliche Gewohnheit zu machen. Diese Zahlen werden in Studien von Verhaltensforschern in verschiedenen Zusammenhängen bestätigt. Anschließend entscheiden Sie, ob Sie das Buch dem Altpapier oder dem Bücherregal anvertrauen oder sich weiter von ihm begleiten lassen möchten.

Wie das Buch aufgebaut ist

Das Buch besteht sowohl aus konkreten Inhalten in Textform als auch aus einer Kopiervorlage für leere Wochenblätter für Ihre persönlichen Notizen, Ihrem Wunsch-Logbuch. Die Wochenblätter stehen auch als Download für Sie unter ↗ http://www.junfermann.de bereit. Sie werden das Wichtigste auf dem Weg Ihrer Wunscherfüllung sein. Deshalb möchte ich Ihnen heute bereits ans Herz legen, intensiv mit den Wochenblättern zu arbeiten, wie in Kapitel 4 ausführlich beschrieben.

Die Inhalte des Buches

- sind Inspirationen auf Ihrem Weg zur Wunscherfüllung.
- sind einfach und verständlich dargestellt.
- erfassen nicht vollumfänglich alle Aspekte der Wirklichkeit, sondern beleuchten nur jene Teile, die nützlich sind.
- sind pragmatisch und alltagstauglich.

Die Wochenblätter als kraftvollstes Instrument dieses Buches sind

- Ihr Logbuch
- Ihr Wunschzettel
- Ihr Tagebuch
- Ihre persönliche Rezeptsammlung
- Ihr Erfolgsausweis
- Ihr Erfahrungsschatz
- Ihr Kompass
- Ihre Bilanz
- Ihre Reflexion

Zu den Inhalten finden Sie im Text Quellenangaben. Zeichnungen und Fotografien ohne Quellenverweis sind Eigenentwicklungen.

Warum dieses Buch funktioniert

Ihr Wunschbegleiter möchte Ihr Leben bereichern, und zwar in der Richtung, die Sie sich vorstellen. An jedem Tag, an dem Sie es verwenden. Ganz gleich, was gerade für Sie ansteht. Vielleicht geht es um ein überschaubares Vorhaben, dass Sie endlich anpacken möchten. Vielleicht steht eine Prüfung oder ein Umzug an. Ein Jobwechsel kündigt sich an. Oder Sie wollen etwas für Ihre körperliche oder psychische Gesundheit tun. Eine neue Denk- oder Verhaltensweise entwickeln. Ihre Beziehungen verbessern. Oder einen Beitrag in Ihrer Gemeinde leisten. Es gibt ein paar Gesetzmäßigkeiten, die bei der Wunscherfüllung immer und überall Gültigkeit haben. Wer sie versteht und anwendet, wird schon bald erfreut erleben, wie sich Schritt für Schritt Wege zur Wunscherfüllung auftun, einer nach dem anderen. Zudem macht es Spaß, Neues auszuprobieren und zu beobachten, wie sich die Dinge in die gewünschte Richtung verändern. Folgendes Weltwissen liegt diesem Buch zugrunde:

1. **Alles ist möglich.** Denn alles ist stetig in Bewegung.
2. **Das Außen folgt dem Innen.** Denn Entwicklung geht von der seelischen Ebene, unseren Gedanken und Gefühlen aus und manifestiert sich im Außen.
3. **Wir sind Magnet unserer Wünsche.** Denn das Gesetz der Anziehungskraft wirkt konstant auf uns ein. Wir werden zu dem, was wir uns in Gedanken wünschen.
4. **Gegensätze sind Leben.** Denn wir entstammen Männlichem und Weiblichem, brauchen Tageslicht und Nachtruhe, atmen ein und aus. Es geht um Balance. Um Gelingen und Niederlage. Um Fülle und Leere.
5. **Wir sind Zeitreisende.** Denn unsere Vergangenheit prägt unsere Gegenwart, in der wir denkend unsere Zukunft erschaffen.
6. **Wir sind es, die der Welt und dem, was wir erleben, eine ganz bestimmte Bedeutung geben.** Denn mit unserer Aufmerksamkeitsfokussierung beeinflussen wir unser Denken, Erleben und unsere Handlungen.
7. **Entwicklung verläuft zyklisch.** Denn alles, was lebt und wächst, bezieht gemachte Erfahrungen in das weitere Wachstum ein und reproduziert sich somit aus sich selbst heraus.

2. | Drei Lebensbereiche

„Es besteht immer Hoffnung, dass unser Leben sich verändern kann, weil wir jederzeit Neues lernen können", schreibt die bekannte Autorin und Familientherapeutin Virginia Satir. Wir können uns entwickeln, unsere Wünsche zur Entfaltung bringen und sogar unser gesamtes Leben verändern. Veränderung und Wunscherfüllung für mehr Lebensqualität und Lebensfreude sind möglich. Immer und überall. In jeder Lebensphase und in jedem Alter. Vereinfacht ausgedrückt sind es drei Lebensbereiche, die unsere Lebensqualität ausmachen. Wünsche entspringen oft einem oder mehrerer dieser Lebensbereiche. Die Wunscherfüllung kann in diesen Lebensbereichen durch passende Denk- oder Verhaltensweisen begünstigt werden. Deshalb werden Sie später eingeladen, sich mit den folgenden drei Lebensbereichen auseinanderzusetzen, um sich Ihren Herzenswünschen anzunähern:

1. Körperliche und seelische Gesundheit
2. Beziehungen und Interaktion
3. Tätigsein, Karriere und Geld

Da diese drei Lebensbereiche eng miteinander verknüpft sind und sich gegenseitig beeinflussen, kann es passieren, dass wir durch die Wunscherfüllung in einem einzigen Bereich auch positive Auswirkungen in den anderen Bereichen erfahren werden. Wer zum Beispiel ein nicht förderliches Interaktionsmuster, sagen wir ein schnippisches Konfliktverhalten, umwandeln kann in eine empathische, respektvolle und konstruktive Art der Auseinandersetzung, wird hierdurch zweifelsohne auch in den anderen Bereichen profitieren: Er wird sich seelisch und automatisch auch körperlich besser fühlen. Sein verändertes Konfliktverhalten wird auch bei den Familienmitgliedern, Freunden und Arbeitskollegen Anklang finden. Deshalb sollten wir uns nicht zu viele unterschiedliche Wünsche auf einmal vornehmen, sondern aufmerksam und mit Staunen beobachten, wie sich ein erfüllter Wunsch positiv auf die anderen Lebensbereiche auswirken wird.

2.1 Körperliche und seelische Gesundheit

Entwicklung geschieht von innen nach außen. Wir sind unser Körper, und Gesundheit ist unser höchstes Gut. Für gesunde Menschen ist Gesundheit oftmals eine Selbstverständlichkeit, über die wir nicht nachdenken. Wir stehen in großer Selbstverständlichkeit morgens auf und starten unseren Alltag. Unser Intellekt und alle Organe funktionieren perfekt, unsere Sinnesorgane geben uns blitzschnell Orientierung, die Muskeln ermöglichen Bewegung und unsere Knochen geben uns Halt. Unser Körper ist absolut genial organisiert und gleicht einer Schatzkammer. Zuverlässig signalisiert er uns unsere Bedürfnisse und das, was ihn gesund erhält, sofern wir auf ihn hören. Für Menschen, die krank sind oder eine schwere Krankheit überlebt haben, ist körperliche und seelische Gesundheit ein unermesslich wertvolles Gut. Deshalb steht sie an oberster Stelle der drei Lebensbereiche. Vielleicht möchten Sie in diesem Jahr Ihre Gesundheit und Ihre Lebenskraft verbessern oder erhalten.

Weitere Aspekte des Lebensbereichs „Körperliche und seelische Gesundheit" können zum Beispiel sein:

- Körperliche Leistungsfähigkeit
- Geistige Leistungsfähigkeit
- Seelische Gesundheit
- Ernährung (fest und flüssig)
- Sport
- Bewegung
- Entspannung
- Schlaf
- Urlaub
- Wohnort

Welche weiteren Aspekte gehören für Sie dazu?

- ______________________________
- ______________________________
- ______________________________
- ______________________________
- ______________________________

Nehmen Sie sich ein paar Minuten Zeit, darüber nachzudenken, was Sie über die verschiedenen Aspekte Ihrer körperlichen und seelischen Gesundheit wissen und wie Sie diese im Alltag benutzen.

Inspiration: Body and Soul Check – Betrachtung meiner körperlichen und seelischen Gesundheit

Lassen Sie folgende Fragen auf sich wirken:

- Wie erlebe ich meine körperliche Gesundheit auf einer Skala von 1 (= sehr gut) bis 6 (= sehr schlecht)?

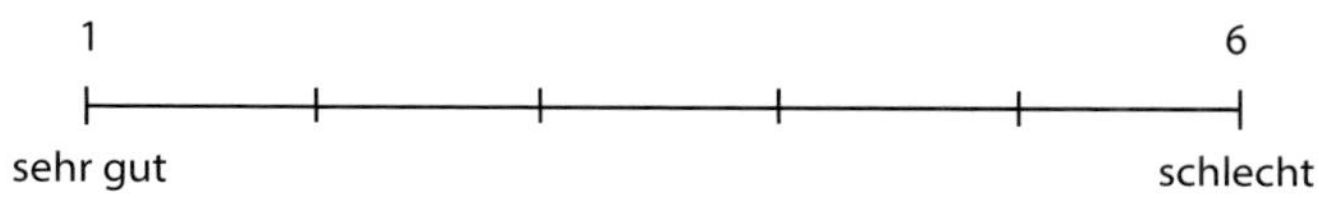

- Wie erlebe ich meine seelische Gesundheit auf einer Skala von 1 (= sehr gut) bis 6 (= sehr schlecht)?

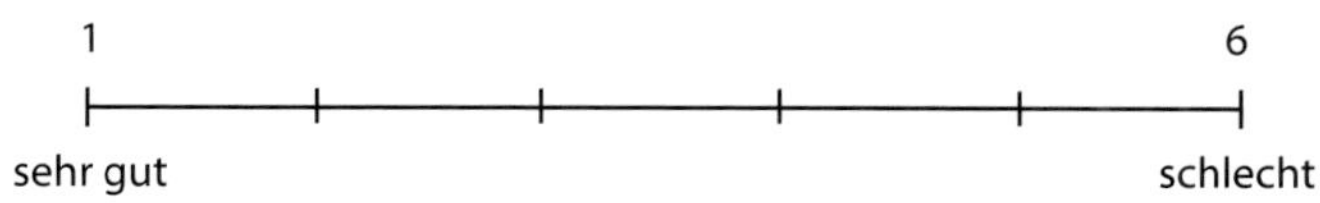

- Was tut meiner körperlichen Gesundheit erfahrungsgemäß gut?

- Was tut meiner körperlichen Gesundheit erfahrungsgemäß weniger gut?

- Was tut meiner seelischen Gesundheit erfahrungsgemäß gut?

- Was tut meiner seelischen Gesundheit erfahrungsgemäß weniger gut?

Vielleicht möchten Sie nach dieser Reflexion die obige Liste mit weiteren, für Sie wichtigen Aspekten des Lebensbereichs „Körperliche und seelische Gesundheit" ergänzen.

2.2 Beziehungen und Interaktion

Im Lebensbereich Beziehungen und Interaktion geht es darum, wie wir mit den Menschen in unserer Umwelt interagieren. Unsere Interaktion prägt und formt den Charakter unserer Beziehungen. Unter Interaktion sind nicht nur die Worte zu verstehen, die wir miteinander austauschen, sondern auch unser Blickkontakt, unsere Körperhaltung, unsere Bewegungen, unsere Stimme sowie die Art und Weise, wie wir uns berühren. Außerdem prägen die Art und Weise, wie wir unser Gegenüber und dessen Reaktionen wahrnehmen und interpretieren, die Natur unserer Beziehungen. Unser Wahrnehmungsmechanismus hierbei ist abhängig vom Maß an Selbstliebe und Selbstachtung, das wir uns selbst gegenüber hegen. Ein unsicherer Mensch mit geringer Selbstachtung wird sein Gegenüber eher kritischer betrachten als ein Mensch, der mit sich selbst zufrieden ist. Deshalb ist unter dem Lebensbereich Beziehungen und Interaktion auch die Beziehung und Interaktion mit sich selbst eingeschlossen. Wer wertschätzend statt abwertend mit sich selbst spricht, kann auch wertschätzend und respektvoll mit anderen sein. Wer offen und aufrichtig zu seinen Gefühlen und Meinungen stehen kann, wird vertrauensvollere Beziehungen aufbauen können.

Durch Beziehungen erleben wir uns selbst und unser Wirksamsein in der Welt. Ein Leben ohne Beziehungen zu anderen Menschen ist nicht vorstellbar. Ohne Beziehungen gäbe es keine Liebe und Geborgenheit, keine Zärtlichkeit und Wertschätzung, keine Gemeinschaft und keinen Trost. Ohne Beziehungen zu anderen Menschen könnten wir uns nicht austauschen und auseinandersetzen. Wir könnten uns nicht weiterentwickeln. Wir hätten keine Motivation, unsere Wünsche zu verwirklichen und Ziele zu erreichen. Wir wären nicht lebensfähig. Babys ohne Körperkontakt in den ersten Lebensmonaten sterben. Das Gefühl von Nicht-Gehörtwerden und Einsamkeit ist einer der größten Stressfaktoren unseres Lebens. Deshalb lohnt es sich, in Beziehungen zu investieren, auch wenn diese vereinzelt schwierig sind. Verbessern Sie Ihre Beziehungen dieses Jahr. Ganz gleich, ob es sich um Ihre Beziehung zu sich selbst, zu Tochter oder Sohn, Mutter oder Vater, Bruder oder Schwester, Ehepartner oder Freund, Geschäftspartner, Chef oder Kunde, Arbeitskollege, Mitschüler, Nachbar oder Patenkind handelt. Auch spirituelle Beziehungen sind innerhalb dieses Lebensbereichs gemeint.

Weitere Aspekte des Lebensbereichs „Beziehungen und Interaktion“ können zum Beispiel sein:

- Familie
- Freunde
- Kollegen
- Kommunikation
- Soziales Netz
- Expartner
- Beziehungsmuster
- Konflikte
- Verzeihen
- Isolation
- Spirituelle Beziehungen
- Beziehung zu mir selbst

Welche weitere Aspekte gehören für Sie dazu?

- ______________________________
- ______________________________
- ______________________________
- ______________________________
- ______________________________

Inspiration: Ballsaal der Beziehungen – Betrachtung von Beziehungen und Interaktion

Nehmen Sie sich ein paar Minuten Zeit, darüber nachzudenken, wie Ihr Beziehungsgefüge aussieht. Stellen Sie sich vor, alle Menschen und Wesen, mit denen Sie heute in irgendeiner Form in Beziehung stehen, sind in einem großen, sehr schönen Saal versammelt. Alle sind da. Sie sind auch in diesem Saal. Schauen Sie sich um:

- Wer ist alles da?
- Wie viele sind da?
- Wo stehen diese Menschen?
- Wo stehen Sie selbst?
- Wie sind die Abstände der anwesenden Menschen zu Ihnen?
- Wer blickt zu wem?
- Was tun diese Menschen, was tun Sie?

- Welche Interaktionen finden statt?
- Wie fühlen Sie sich?

Verweilen Sie einige Minuten und lassen Sie das, was Sie erleben auf sich wirken.

Wenn Sie möchten, können Sie anschließend eine Skizze anfertigen.

Vielleicht möchten Sie nach dieser Reflexion die obige Liste des Lebensbereichs „Beziehung und Interaktion" mit weiteren Aspekten, die für Sie relevant sind, ergänzen?

2.3 Tätigsein, Karriere und Geld

Unter Tätigsein soll in diesem Buch jede Art von Aktivität, Kunst, Disziplin oder Fertigkeit verstanden werden, mit der wir uns täglich beschäftigen. Egal, ob Sie zur Schule gehen, studieren, den Haushalt führen, Kinder erziehen, auf Stellensuche sind, ein Unternehmen selbständig führen, ein Projekt realisieren, bezahlter oder unbezahlter Arbeit nachgehen. Im Lebensbereich „Tätigsein, Karriere und Geld" geht es darum, wie Sie Ihre Talente zur Entfaltung bringen können, mit mehr Freude ans Werk gehen können, Ihre Autonomie steigern können, erfüllende Ergebnisse erzielen oder sogar Ihren finanziellen Wohlstand steigern können.

Weitere Aspekte des Lebensbereiches „Tätigsein, Karriere und Geld" können zum Beispiel sein:

- Zu lernende Fähigkeiten, z. B. Mathematik, Sprachen, Programmieren, Mitarbeiterführung oder ein Musikinstrument spielen
- Haus und Garten
- Prüfungen bestehen
- Einkommen, Lohnerhöhungen oder Vermögen
- Beförderungen oder Einstieg in die Selbständigkeit
- Berufliche oder private Projekte jeglicher Natur
- Berufliche oder andere Ziele
- Gemeinnützige Arbeit
- Selbstverwirklichung im Tun

Welche weiteren Aspekte gehören für Sie dazu?

- ____________________
- ____________________
- ____________________
- ____________________
- ____________________

Inspiration: Füllstand der Gießkanne – Betrachtung meines Tätigseins und wie es mich erfüllt

„Erfolg sollte stets nur die Folge, nie das Ziel des Handelns sein."
(Gustave Flaubert)

Stellen Sie sich vor, dass durch die Summe all Ihres Tätigseins eine Gießkanne mit Wasser gefüllt wird. Der Füllgrad der Gießkanne zeigt jedoch nicht das Maß an geleisteter Arbeit an, sondern den Grad Ihrer positiven inneren Erfüllung.

Zeichnen Sie den Füllstand Ihrer Gießkanne ein:

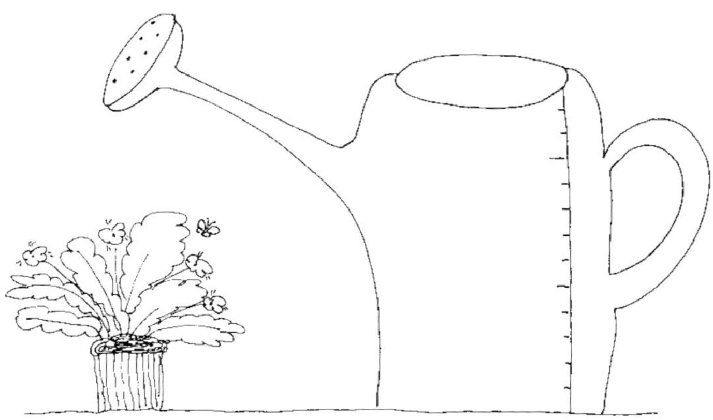

- Mit wie viel Wasser ist Ihre Gießkanne gefüllt?
- Ist sie voll? Das hieße, dass Sie durch Ihr Tätigsein voll und ganz innerlich erfüllt sind.
- Ist sie nahezu leer? Das hieße, dass Sie möglicherweise sehr viel tun, dass diese Tätigkeiten Sie aber nicht innerlich erfüllen.
- Oder läuft Sie vielleicht sogar über? Dann wäre es vielleicht an der Zeit, zu sortieren und Prioritäten zu setzen.

Notieren Sie jetzt, welche Art von Tätigsein Ihre Gießkanne füllt. Was erfüllt Sie zutiefst? Bei welchen Tätigkeiten erleben Sie Flow, das Gefühl, vollkommen in dem aufzugehen, was Sie gerade tun?

____

____

____

____

____

____

____

Vielleicht möchten Sie nach dieser Reflexion die obige Liste des Lebensbereichs „Tätigsein, Karriere und Geld“ mit weiteren Aspekten, die für Sie relevant sind, ergänzen.

3. Mein allerbestes Jahr – Vorbereitung auf Ihr Jahr der Wunscherfüllung

„Was wir heute tun, entscheidet darüber, wie die Welt morgen aussieht."

(Marie von Ebner-Eschenbach)

Manchmal gestehen wir uns unsere Wünsche nicht ein. Wir denken, sie wären vielleicht vermessen und egoistisch. Wir erahnen sie möglicherweise, trauen uns jedoch nicht, sie ganz genau anzusehen, ihre Bedeutung zu ergründen und uns dann um die Wunscherfüllung zu kümmern. Es ist außerordentlich stärkend, zu seinen wahren Wünschen zu stehen, diese als einen Teil von sich selbst wertzuschätzen und sie mit Freude und gesundem Realismus zu behandeln.

Wenn Menschen sich ständig ihre Wünsche versagen, haben sie parallel auch das Gefühl, von geringem Wert zu sein. Sie halten sich und ihre Wünsche zurück, reagieren auf die Wünsche anderer, anstatt selbst zu agieren, und werden leicht zum Opfer. Vielleicht können sie auch nicht mehr klarsehen und erleben sich angesichts von Misserfolgen schneller als andere als Versager. Sie verhalten sich ihren Wünschen gegenüber so, als würden diese gar nicht existieren, anstatt sie sich zuzugestehen. In der Folge isolieren sie sich oder klagen und machen andere für ihre Misere verantwortlich.

Menschen, die zu ihren Wünschen stehen, respektieren diese als einen wichtigen Teil von sich selbst. Sie wissen, dass sie es wert sind, Wünsche zu haben und sich diese zu erfüllen. Sie vertrauen auf ihre Kompetenz und ihre eigene Wirksamkeit im Handeln. Sie sind offen, in der Lage zu lernen und andere um Hilfe zu bitten. Sie machen ihre Wünsche nicht von Regeln abhängig, sondern machen von ihrer Wahlfreiheit Gebrauch. Sie sind sich bewusst, dass Wünsche ein Teil der eigenen Gedanken sind, die zu ihnen gehören. Sie nehmen sich die Freiheit, ihre Wünsche sich selbst, aber auch anderen gegenüber zu artikulieren, zur Erfüllung zu bringen und dabei auch einmal einen Misserfolg in Kauf zu nehmen. Sie sehen die Wunscherfüllung als einen Prozess an, runder und vollständiger zu werden.

Inspiration: Tägliche Wunschfee – sich jetzt einen Wunsch erfüllen

Halten Sie einen Moment inne. Beobachten Sie sich selbst, wie Sie gerade sitzen, liegen oder stehen. Beobachten Sie Ihren Atem. Vergegenwärtigen Sie sich, was Sie sich genau jetzt in diesem Moment wünschen: Eine Pause? Ihre Körperhaltung verändern? Sich genüsslich strecken? Sonne auf Ihrer Haut? Ein Glas Wasser? Einen Pullover anziehen? Eine Umarmung? Einen Tee oder Kaffee? Frische Luft? Etwas Süßes? Aus dem Fenster blicken? Etwas Herzhaftes essen? Mit jemandem sprechen? Weiterlesen?

Nehmen Sie Ihren Wunsch oder Ihre Wünsche ganz bewusst und respektvoll wahr. Dann werden Sie zu Ihrer eigenen Wunschfee: Fassen Sie den Entschluss, sich jetzt so liebevoll wie möglich Ihren Wunsch zu erfüllen – so, wie es im Moment stimmig und möglich ist. Tun Sie es, mit so viel Aufmerksamkeit und Präsenz wie möglich.

Reflektieren Sie anschließend das Erlebte: Wie ging es Ihnen vor, während und nach der Wunscherfüllung? Wenn Ihnen diese Übung gutgetan hat, empfehle ich Ihnen, diese immer einmal wieder zu wiederholen. Sie erinnert uns daran, gut und liebevoll für uns selbst zu sorgen.

In den folgenden Kapiteln erhalten Sie Anregungen, wie Sie sich Ihre Wünsche vergegenwärtigen können und wie Sie dabei Ihre Herzenswünsche identifizieren. Dieses Buch ist keine Anregung zum Formulieren guter Vorsätze, wie sie zum Beispiel in Champagnerlaune am Silvesterabend entstehen. Gute Vorsätze haben vielfach die Eigenschaft, nicht wirklich durchdacht zu sein und sich eher an äußeren Erwartungen denn an der ureigenen inneren Natur zu orientieren. Oftmals sind sie auch unrealistisch. Entsprechend rasch verlieren wir unsere guten Vorsätze aus den Augen. Sie sind genauso schnell aus unserem Alltag verschwunden wie Raketenglitzer am Silvesterhimmel.

Dieses Buch ist Ihren Herzenswünschen gewidmet, die Ihnen und Ihrem Wesen entsprechen. Vielleicht sind es nur kleine Wünsche, vielleicht auch große, die in Ihnen schlummern und zur Entfaltung gebracht werden möchten. Die Erfüllung von Herzenswünschen, die unserem Wesen entsprechen, beglückt uns zutiefst, weil Herzenswünsche kongruent sind mit dem, was uns in unserem Inneren ausmacht. Es ist gar nicht so schwer, unsere wahren Wünsche zu erkennen. Wenn wir uns vorstellen, etwas für deren Erfüllung zu tun oder gar, dass sie bereits in Erfüllung gegangen wären, ist dies mit innerer Freude und einem Gefühl von Leichtigkeit verbunden. Vielleicht kennen Sie Ihre Herzenswünsche bereits. Sie träumen z. B. davon, weniger zu arbeiten, ein Unternehmen zu gründen, auszuwandern, den Flugschein zu machen, einen neuen Beruf zu erlernen, sich von altem Gerümpel zu trennen, die Wohnung umzugestalten, Theater zu spielen, eine besondere Reise zu unternehmen, einen Partner zu finden, den Partner zu verlassen, ehrenamtlich tätig zu sein, den Karrieresprung zu schaffen, ein Haus zu kaufen, finanziell sorgloser zu sein, eine Weinbar oder eine italienische Eisdiele zu eröffnen, eine Fremdsprache zu beherrschen, körperlich und mental gut in Form zu sein. Vielleicht haben Sie aber auch nur eine vage Idee Ihres Herzenswunsches, z. B. insgesamt zufriedener mit Ihrem Leben zu sein. Vielleicht sind Sie aber auch schon wunschlos glücklich. Dann gratuliere ich Ihnen und empfehle Ihnen, das Buch weiterzuverschenken.

Die Vorbereitung auf Ihre Zeit der Wunscherfüllung ist eine Zeitreise durch die Vergangenheit in die Zukunft hinein mit dem Ziel, Orientierung für die Gegenwart zu erhalten. Sie erfolgt in zwei Phasen:

- Phase 1: Die Schätze der Vergangenheit betrachten
- Phase 2: Mich meinen Wünschen für die nächsten 12 Monate annähern

Lesen Sie die Anregungen auf Seite 42 ff. für diese Zeitreise zunächst in Ruhe durch. Planen Sie sich anschließend mindestens eine ungestörte Stunde oder länger ein, in der Sie in einer schönen Umgebung Ihre Zeitreise antreten möchten, um Ihre Vorbereitungen für Ihr Jahr der Wunscherfüllung zu treffen.

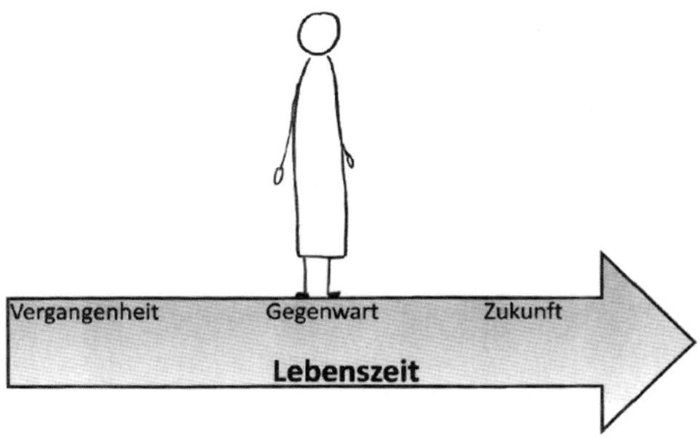

Vergangenheit und Gegenwart wirken auf unsere Zukunft ein

3.1 Die Schätze der Vergangenheit betrachten

Wenn Sie dieses Buch lesen, haben Sie bereits einige Zeit gelebt. Monate und Jahre liegen hinter Ihnen. Heute ist, wie jeden Tag, Zeit, die Gegenwart zu genießen oder auch ganz bewusst einen Neubeginn zu wagen. Ein Blick zurück hilft uns, den Rucksack für die Zukunft zu packen. Oftmals vergessen wir, welch wertvollen Proviant uns unsere Vergangenheit mitgeben möchte, weil wir ausschließlich auf die Zukunft fixiert sind. Ein dankbarer Blick zurück stärkt uns für die Gegenwart und den nächsten Schritt nach vorn.

Wenn Sie sich mit diesem bewussten Sein in der Zeit näher beschäftigen möchten, können Sie Folgendes ausprobieren:

Inspiration: Gehen in der Zeit

Bevor Sie das nächste Mal spazieren gehen, können Sie sich vornehmen, mit den folgenden beiden Fragen unterwegs zu sein:

- Woher komme ich?
- Wohin gehe ich?

Gehen Sie Ihre Schritte ganz bewusst. Nehmen Sie wahr, welche Bilder und Gedanken in Ihnen aufsteigen.

Vielleicht möchten Sie nach Ihrem Spaziergang in der Zeit einige Notizen machen.

Es empfiehlt sich, diese Übung in regelmäßigen, größeren Abständen zu wiederholen und die Empfindungen und Bilder miteinander zu vergleichen.

Warum Rückblick wichtig ist

Stellen Sie sich vor, Sie haben ein Bild im Kopf, wie Ihr Leben sein müsste, damit es ein gutes und glückliches Leben ist. Sie träumen von einem großen Haus mit Blick auf See und Berge? Oder davon, endlich befördert zu werden? Oder von einem harmonischen Familienleben? Oder davon, ein Segelboot zu besitzen? Oder davon, endlich ohne Rückenschmerzen oder nicht mehr so müde zu sein? Oder von der perfekten Beziehung? Oder davon, dass es Ihre Kinder einmal besser haben sollen als Sie? Solche Bilder vom Glücklichsein sind in Gedanken erschaffene Ideale und können süchtig machen. Man sehnt sich nach genau dieser Erfüllung, jeden Augenblick seines Lebens. Der Blick bleibt im Wunschtraum verhaftet, Sehnsucht entsteht, und darüber geht vergessen, was Tag für Tag um uns geschieht. Je größer die Sehnsucht nach dem Traumbild wird, desto größer wird auch das Unglücklichsein über das Nicht-Erleben und die Nicht-

Erfüllung dieses selbst erdachten Traumbildes. Wir befinden uns in einem konstanten Ungleichgewicht zwischen Ist und Soll, zwischen Wirklichkeit und Sehnsucht. Dies ist der Nährboden für seelische und körperliche Krankheiten. In diesem Kampf gegen uns selbst für unser Traumbild zerstören wir uns und unseren Selbstwert.

Die Voraussetzung dafür, Gesundheit, Glück und Erfüllung in Zukunft zu erleben, besteht darin, sein bisheriges Leben gründlich, intensiv und voller Inbrunst nach Gutem zu durchforsten. Wo waren Ihre glücklichen Momente? Was macht Sie wirklich zutiefst glücklich? Was hat Sie bereichert? Wo fand Entwicklung statt? Erst wenn Sie in der Gegenwart echte Dankbarkeit für das Gute, das Ihnen in der Vergangenheit widerfahren ist, mit jeder Zelle Ihres Körpers spüren können, sind Sie bereit für alles Gute in der Zukunft. Dann entwickelt sich Ihr Bewusstsein weg vom nagenden Gefühl des Mangels hin zum beglückenden Gefühl der Fülle.

Warum Dankbarkeit wichtig ist

Leider löst der Begriff Dankbarkeit in vielen von uns ein Gefühl von Abneigung aus. Wir erinnern uns daran, dankbar sein zu müssen für Dinge, die wir nicht wollten. Dankbarkeit war somit die reinste Lüge. Aus der Forschung der Positiven Psychologie und zur Resilienz, der Fähigkeit, nach belastenden Situationen wieder Kräfte aktivieren zu können, ist bekannt, dass Menschen, die dankbar sein können, sich besonders wohl fühlen (Seligmann, 2005). Prüfen Sie einmal, wem oder was Sie aus ganzem Herzen dankbar sein können, ohne zwiespältige Gefühle. Kosten Sie diese Empfindungen von Dankbarkeit einmal aus. Bemerken Sie, wie wohltuend das ist und wie Ihr Herz weiter wird? Das ist die Form von Dankbarkeit, die in diesem Buch Thema ist. Es ist eine Dankbarkeit, die man nicht erzwingen, wohl aber bewusst wahrnehmen und durch diese Fokussierung sogar noch verstärken kann.

Hier ein kleines, spontanes Gedankenexperiment, das Sie sich mit großer Wahrscheinlichkeit gut fühlen lässt:

Gedankenexperiment: Dankbarkeit in diesem Augenblick

Wem oder was bin ich gerade jetzt, in diesem Augenblick, von Herzen dankbar – ohne Wenn und Aber? Vergegenwärtigen Sie sich auch, warum Sie dankbar sind, und fühlen Sie Ihre Dankbarkeit so intensiv wie möglich. Verweilen Sie einige Minuten in diesem Gefühlszustand.

Wiederholen Sie diese Übung so oft wie möglich und insbesondere auch dann, wenn Sie sich nicht so gut fühlen.

Wenn wir dankbar sind für das, was wir sind, fühlen, denken, tun und haben, und sei es noch so wenig, werden wir ein Gefühl der Fülle erleben. Und nebenbei werden wir erleben, wie sich diese guten Dinge vermehren. Wenn wir dankbar dafür sind, dass wir dieses Jahr bei mehr oder weniger guter Gesundheit verbringen konnten, werden wir unsere Gesundheit weiter verbessern können. Wenn wir uns auf die positiven Aspekte in einer Beziehung fokussieren und hierfür dankbar sind, wird sich diese Beziehung weiter verbessern. Und wenn wir für unseren Job dankbar sind, auch wenn dieses Jahr nicht alles nach Plan lief, wird sich die Freude an unserer Arbeit zusehends vermehren.

Denn wer sich nur an Traumbildern orientiert und sich in der Gegenwart nicht glücklich fühlt, fokussiert sich unbewusst auf Negatives. Das geschieht oft, ohne dass wir uns dessen bewusst sind. Wir reden darüber, was schiefgegangen ist. Wir kritisieren andere Leute und machen diese für unsere eigene Misere verantwortlich. Wir neiden anderen ihren Erfolg, den wir selbst nicht haben. Wir schimpfen über Politiker, den Stau, die Arbeitskollegin, den Lehrer oder das schlechte Wetter. Auch wenn die Dinge nicht einfach sind: Lassen Sie nicht zu, dass sich Ihre Gedanken immer wieder auf das Negative und Schwierige konzentrieren. Viele von uns verfallen ungewollt in negatives Denken: Probleme werden gewälzt, wir fühlen uns unzufrieden. Wenn wir uns darin üben, willentlich über Positives und Stärkendes nachzudenken, werden wir uns bald besser fühlen. Die Erfahrung zeigt, dass der einzige Weg zu einem guten Leben darin besteht, sich glücklich oder zumindest okay zu fühlen. Und das ist sehr wohl in jedem Augenblick durch die Kraft unserer Gedanken beeinflussbar.

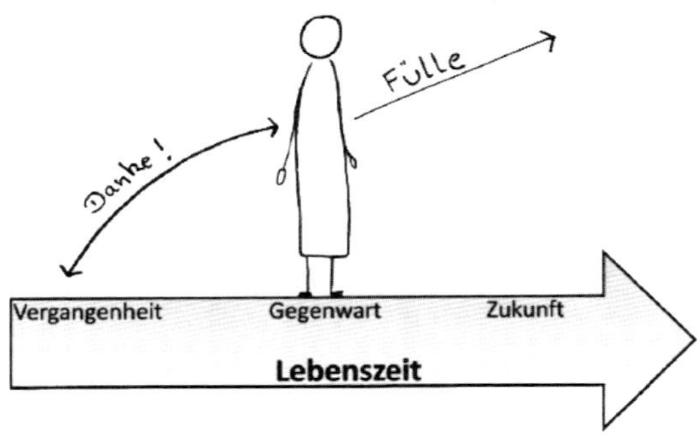

Die Fülle in der Zukunft entsteht durch Dankbarkeit

Wenn Sie sich in den nächsten Wochen oder Monaten einen oder mehrere Ihrer Wünsche erfüllen möchten, sollten Sie ab sofort am besten täglich an das Gute in Ihrem Leben denken und es aufschreiben. Heute fangen Sie gleich mit einer Liste von Dingen an, die Sie in den vergangenen 12 Monaten glücklich gemacht haben und wofür Sie dankbar sind. Machen Sie sich auch bewusst, warum Sie dankbar sind.

Drei Beispiele:
1. „Ich bin sehr glücklich und dankbar für unseren Sommerurlaub auf Korsika, weil er die Beziehung zu meiner Familie und zu meinen Freunden verbessert hat und ich mich mit der Natur zutiefst verbunden fühlte."
2. „Ich danke von Herzen, einen neuen Job gefunden zu haben, weil er mir die Möglichkeit bietet, viel Neues zu lernen."
3. „Ich bin tief dankbar für die Einsicht und Fähigkeit, mir selbst mit mehr liebevollem Respekt und Selbstachtung zu begegnen, denn dies hat mich innerlich unabhängiger und glücklicher gemacht."

Wenn Sie sich bewusst machen, warum Sie dankbar sind, können Sie Ihre Dankbarkeit und Freude noch tiefer empfinden.

Der dankbare Rückblick auf die vergangenen 12 Monate meines Lebens

Lassen Sie die vergangenen 12 Monate Ihres Lebens gedanklich Revue passieren. Notieren Sie, für was im Großen und im Kleinen Sie von Herzen dankbar sind und warum. Die vorgeschlagenen Formulierungen können Sie gemäß Ihrem eigenen Sprachgebrauch verändern. Notieren Sie pro Rubrik mindestens drei oder mehr Aspekte.

Körperliche und seelische Gesundheit
Ich bin dankbar für ..., weil ...
Beziehungen und Interaktion
Ich empfinde es als großes Glück, dass ..., weil ...
Tätigsein, Karriere und Geld
Ich danke von Herzen für ..., weil ...
Weitere Aspekte, für die ich dankbar bin
Ich empfinde Dank für ..., weil ...

Lesen Sie sich Ihre Liste sorgfältig, vielleicht auch laut, durch. Freuen Sie sich über das viele Gute, das Ihnen widerfahren ist. Vielleicht erkennen Sie auch, dass ein vermeintlich schlechtes Ereignis, wie z. B. eine Kündigung, ein Konflikt, ein Unfall oder eine Trennung mit Abstand betrachtet Gutes und Entwicklung in Ihr Leben gebracht hat. Lassen Sie Freude und Dankbarkeit in Ihnen aufsteigen. Genießen Sie es aus vollem Herzen, sich das eigene Glück vor Augen zu führen. Sie sind es wert, dass Ihre Wünsche zur Erfüllung gelangen. Wenn Sie Ihre Liste erstellt und sich an ihr erfreut haben, sollte es Ihnen deutlich besser gehen als vor der Übung.

3.2 Die eigenen Wünsche klären

Mit der Kraft der Dankbarkeit und der Erfahrung der Fülle im Rucksack sind Sie jetzt eingeladen, sich über Ihre Wünsche, die in Erfüllung gehen sollen, klar zu werden. Was wünschen Sie sich in den drei Lebensbereichen „Körperliche und seelische Gesundheit“, „Beziehungen und Interaktion“ sowie „Tätigsein, Karriere und Geld“ wirklich? Was ist Ihnen wichtig? Welche Wünsche tragen Sie außerdem in sich? Vielleicht führen Sie Ihre Wünsche, wenn Sie diese mit Ruhe und Sorgfalt betrachten, zu den noch tiefer in Ihnen angelegten Wünschen, die Ihnen heute noch nicht vollumfänglich bewusst sind. Fragen Sie sich immer wieder, um welche Themen Ihre Wünsche kreisen. Um was geht es Ihnen bei der Wunscherfüllung wirklich?

Ihr wichtigster Wunsch

Warum Ziele und Klarheit über die eigenen Wünsche so wichtig sind, können wir aus der folgenden Geschichte erfahren (nach Knoblauch & Wöltje, 2008):

Die kalifornische Küste lag nebelverhangen da an jenem Morgen des 4. Juli 1952. 34 Kilometer westlich davon, auf der Insel Catalina, watete eine 34-jährige Frau ins Wasser und schickte sich an, in Richtung Kalifornien zu schwimmen, entschlossen, diese Strecke als erste Frau zu bewältigen. Ihr Name war Florence Chadwick. Sie war bereits die erste Frau gewesen, die den Ärmelkanal in beide Richtungen durchschwommen hatte. Das Wasser war eiskalt, und der Nebel war so dicht, dass sie kaum die Begleitboote ausmachen konnte.

Millionen schauten über die nationalen Fernsehsender zu. Mehrmals mussten Haie mit Gewehren vertrieben werden, um die einsame Gestalt zu schützen. Die Müdigkeit war nie ihr großes Problem bei diesen Schwimmleistungen gewesen – es war die eisige Kälte, die ihr zu schaffen machte. Über fünfzehn Stunden später bat sie, steif vor Kälte, aus dem Wasser geholt zu werden. Sie konnte nicht mehr. Ihre Mutter und ihr Trainer, die im Boot neben ihr herfuhren sagten ihr, dass die Küste schon ganz nah sei. Sie drängten sie, nicht aufzugeben, aber als sie zur kalifornischen Küste hinüberschaute, sah die Schwimmerin nichts als den dichten Nebel und bat darum, herausgeholt zu werden. Stunden später, als ihr Körper sich erwärmt hatte, kam der Schock über ihren Misserfolg. Nur eine halbe Meile vor der kalifornischen Küste war sie aus dem Wasser gezogen worden!

Ein Reporter fragte sie: „Miss Chadwick, was hat Sie davon abgehalten, diese letzte halbe Meile zu schwimmen?" „Es war der Nebel", antwortete sie. „Wenn ich das Land hätte sehen können, hätte ich es geschafft. Wenn man da draußen am Schwimmen ist und sein Ziel nicht sehen kann ..."

Der Satz von Miss Chadwick wurde weltberühmt: „Es war der Nebel – wenn ich das Land hätte sehen können ..."

Sich über die eigenen Wünsche Klarheit zu verschaffen, ist ein wichtiger Schritt. Tun wir dies nicht, nehmen wir das Risiko in Kauf, uns im Nebel der Fremdbestimmung und Zerstreuung zu verirren. Ohne das Ziel und die Wunscherfüllung im Blick, gelingt es uns schlechter, Energien zu mobilisieren und unsere Wünsche auszuleben. Angesichts der nahezu unbegrenzten Möglichkeiten, die uns in weiten Teilen der Welt zur Verfügung stehen, verliert man schnell einmal den Fokus. Wir verzetteln uns. Wir verlieren uns in den alltäglichen Anforderungen. Wir überfordern uns, weil ja scheinbar alles möglich ist. Oder wir verbiegen uns, weil wir nicht unserer eigenen Natur folgen, sondern lediglich die Erwartungen anderer Menschen erfüllen. Deshalb schlage ich Ihnen eine Fokussierung auf wenige oder sogar *den* wichtigsten Wunsch vor. Wenn im Laufe der kommenden Wochen oder Monate dieser Wunsch in Erfüllung gegangen sein sollte, können Sie, wenn Sie möchten, einen weiteren fokussieren. Die Reduktion auf einen Wunsch oder wenige Wünsche hilft Ihnen, Ihre Kräfte zu bündeln und sich ganz Ihrem Herzenswunsch zu widmen. Positiver Nebeneffekt dieser Fokussierung: Auch das Loslassen von Unerwünschtem fällt leichter. Und loslassen ist wichtig, um sich nicht zu überfordern. Außerdem kann es sein, dass durch die Erfüllung eines Wunsches auch andere Wünsche positiv beeinflusst werden. Mehr dazu lesen Sie auf Seite 83 ff. (Abschn. 5.5, Inspiration „Fülle und Reduktion").

Ein Mann, der sich den Wunsch erfüllte, einen Marathon zu laufen, verbesserte automatisch seine körperliche und seelische Gesundheit und verzeichnete durch sein gestiegenes Selbstbewusstsein auch mehr berufliche Erfolge.

Wenn wir uns aufrichtig und sorgfältig mit der Wunscherfüllung beschäftigen, werden wir feststellen, dass diejenigen Wünsche, die uns bewusst sind, oftmals ein

Schlüssel zu den noch tiefer liegenden, vielleicht unbewussten Wünschen sind. Das regelmäßige Arbeiten mit diesem Buch und insbesondere mit den Wochenblättern kann helfen, sich Ihren wahren Wünschen anzunähern. Hierzu ein eindrückliches Beispiel:

BEISPIEL

Eine Frau, die viele Monate mit dem Buch arbeitete, hatte den ursprünglichen Wunsch formuliert, ihren Freundeskreis zu vergrößern. Während Sie sich die Wunscherfüllung vorstellte und Tag für Tag die Ereignisse in Bezug auf die Wunscherfüllung beobachtete, machte sie eine für sie zunächst erschreckende Entdeckung: Ihr fiel auf, wie abhängig sie von der Anerkennung durch andere war. Als Höhepunkte des Tages notierte sie nämlich regelmäßig Ereignisse, in denen ihr Lob, Bewunderung oder Anerkennung durch andere Menschen zuteilwurde. Sie erkannte, dass ihr Wunsch nach einem größeren Freundeskreis mit ihrem Durst nach Anerkennung zu tun hatte. Diese Erkenntnis erschütterte sie zunächst. Später nahm sie ihren Wunsch nach Anerkennung als eines ihrer Grundbedürfnisse ernst und akzeptierte ihn als einen wichtigen Teil ihres Wesens. Sie schämte sich nicht für ihren Wunsch, sondern respektierte ihn. Daraufhin formulierte sie ihren ursprünglichen Wunsch folgendermaßen um: „Ich bin dankbar, mir selbst meine allerbeste Freundin zu sein und mir selbst die Anerkennung zu geben, die mir guttut." Ihre Selbstachtung stieg, sie fühlte sich besser und innerlich gestärkt. Hierdurch konnte sie wie von selbst freier und unabhängiger auf andere Menschen zugehen und berichtete mir, dass ihr Freundeskreis sich ohne ihr bewusstes Zutun vergrößerte und bestehende Freundschaften sogar an Tiefe gewannen. Die Menschen um sie herum hatten wohl bemerkt, dass es nicht länger ihre Aufgabe war, der Frau Anerkennung zu geben, sondern dass es nun um echte Beziehung ging. Der Wunsch der Selbstachtung war hinter dem Wunsch, viele Freunde zu haben, verborgen gewesen. Er wurde sichtbar durch den täglichen Rückblick auf das Beste des Tages in Bezug auf die Wunscherfüllung mit Hilfe der Wochenblätter – so wie ausführlich in Kapitel 4 beschrieben.

Unbewusste Wünsche bestimmen unser Leben

Vielfach tragen wir unsere Wünsche unbewusst mit uns herum. Sie bestimmen unsere Entscheidungen und damit unser Leben. Ein mittelmäßig erfolgreicher Manager kam zwecks Karriereentwicklung ins Coaching. Erst als er sich darüber klar wurde, dass es sein größter Wunsch war, ein guter Vater zu sein, weil er den eigenen Vater früh verloren hatte, verstand er, warum er beruflich bislang mit angezogener Handbremse unterwegs gewesen war. Mit dieser Klarheit konnte er sich neu ausrichten. Voller Dankbarkeit, dass sich sein Wunsch, ein guter Vater zu sein, bereits erfüllte hatte, fühlte er einen neuen Wunsch in sich wach werden. Er beschloss, da seine Kinder inzwischen in einem Alter waren, in dem sie ihn weniger brauchten, seinen Fokus zu verändern. Obwohl er fast 50 war, gab er beruflich richtig Gas und konnte, dank seines neuen Ziels, erfolgreich durchstarten. Er hatte bewusst von seiner Wahlfreiheit Gebrauch gemacht und sich auf einen neuen Wunsch fokussiert.

3.3 Voraussetzung für die Erstellung der Wunschliste

„Wo kämen wir hin, wenn alle sagten: wo kämen wir hin; und niemand ginge, um einmal nachzuschauen, wohin man käme, wenn man ginge."

(Kurt Marti)

Bevor Sie sich, wie in Kapitel 4 beschrieben, an die Erarbeitung Ihrer Wunschliste für die kommenden Wochen und Monate setzen, ist es wichtig, dass Sie sich in einen Zustand von Dankbarkeit und Freude versetzen. Das Gesetz der Anziehung besagt, dass Gleiches sich anzieht. Wenn Sie also die Erfüllung eines Wunsches verwirklichen möchten, müssen Sie ihn anziehen, als ob Sie ein Magnet seien. Am einfachsten ist es, wenn Sie sich ein Bild dessen machen, wie es wäre, wenn Sie das Gewünschte schon hätten. Empfinden Sie Dankbarkeit und Freude für das, was Sie sich wünschen, noch ehe Sie es bekommen haben. Stellen Sie sich so lebendig wie möglich vor, wie es wäre, wenn sich Ihr Wunsch bereits erfüllt hätte. Und empfinden Sie Dankbarkeit und Freude. So wirken Ihre Empfindungen der Gegenwart und Ihr prall gefüllter Vergangenheitsrucksack auf Ihre Zukunft ein. Diese alte Weisheit können wir auch bei den Gebrüdern Grimm nachlesen. Die ersten Worte des Märchens der „Froschkönig oder der eiserne Heinrich" lauten: „In alten Zeiten, wo das Wünschen noch geholfen hat ..."

Das Gesetz der Anziehung lässt Wünsche wahr werden

Eine Kollegin, die oft in der Öffentlichkeit sprechen musste, nutzte die Kraft der Anziehung auf folgende Weise: Vor ihrem Auftritt stellte sie sich so lebendig wie möglich das Ende der Veranstaltung vor. Sie stellte sich die positiven und lebendigen Gesichter der Zuhörerinnen und Zuhörer vor, die interessierten Anschlussfragen und die ihr entgegengebrachte Wertschätzung. Hierüber empfand sie Freude, tiefe Dankbarkeit und Demut, diese besondere Tätigkeit ausüben zu dürfen.

So gerüstet begann sie ihren Vortrag. Ihre Haltung und Einstellung waren positiv, ihr Selbstwertgefühl gestärkt, ihre Ausstrahlung ansteckend, sie war präsent und leistungsfähig. Immer wieder während des Vortrags dachte sie voller Dankbarkeit an die Erfüllung ihres Wunsches. Die Ergebnisse waren jedes Mal von neuem verblüffend. Es erschien von außen so, als hätte sie den Erfolg für sich gepachtet. Selten verließ sie Veranstaltungen ohne aufrichtig positive Rückmeldungen des Publikums und einen Folgeauftrag.

Nun sind Sie an der Reihe! Formulieren Sie Ihre Wünsche für die nächsten 12 Monate. Dabei gehen Sie folgendermaßen vor:

Meine Wunschliste

Falls Sie in der glücklichen Lage sind, Ihre Wünsche schon genau zu kennen, können Sie Schritt 1 getrost überspringen und direkt zu Schritt 2 übergehen. Allerdings haben viele Menschen nur vage Ahnungen von ihren Wünschen und Mühe, diese zu benennen. Falls dies auf Sie zutrifft, sind Sie eingeladen, von der folgenden Übung zu profitieren. Sie ist praxiserprobt und funktioniert überraschend gut. Es geht darum, eine gedankliche Reise in Ihre Zukunft zu unternehmen. Der nachfolgende Text ist als Ihr Reisebegleiter zu verstehen. Sie können sich diesen Text von jemandem vorlesen lassen. Oder Sie lesen sich den Text in Ruhe durch, memorieren ihn und beginnen anschließend mit der Gedankenreise. Sie können ihn auch laut vorlesen, Ihre Stimme mit der Mikrophonfunktion Ihres Handys aufnehmen und ihn dann abspielen. Das Bild des Gartens steht in diesem Text für Ihr Unbewusstes, das Sie nun betreten. Die Person, die Sie in dem Garten treffen werden, verkörpert Ihr inneres Wissen und Ihre innere Weisheit. Ich wünsche Ihnen eine gute Reise!

Schritt 1: Reise in meine gute Zukunft

„Die Zukunft zeigt sich uns, lange, bevor sie eintritt.“

(Rainer Maria Rilke)

Ziehen Sie sich an einen ruhigen, angenehmen Ort zurück und entspannen Sie sich. Stellen Sie sicher, dass Sie für mindestens eine halbe Stunde ungestört sind. Schließen Sie die Augen und beobachten Sie sich eine Zeit lang selbst beim Atmen.

Stellen Sie sich vor, Sie befinden sich von heute an gerechnet genau 12 Monate später in der Zukunft. Ein Jahr ist vergangen, seit Sie begonnen haben, dieses Buch zu lesen. Zwölf Monate liegen hinter Ihnen, und diese waren ganz besondere Monate für Sie. Sie gehen spazieren. Sie gehen ohne festen Plan, leichten Schrittes. Sie fühlen sich rundherum wohl und haben Zeit. Es ist angenehm warm. Sie fühlen sich in Ihrer Mitte.

Da entdecken Sie einen wunderschönen Garten. Sie fühlen sich eingeladen hinzugehen. Sie entdecken den allerschönsten Garten, den Sie sich vorstellen können und erfreuen sich von Herzen an seiner Schönheit. In aller Ruhe erkunden Sie ihn. Sie entdecken Blumen, Bäume, Gewächse, Vögel, Schmetterlinge und herrliche Düfte. Inmitten des Gartens steht ein Haus. Sie wissen, dass in diesem Haus jemand wohnt, der ein Höchstmaß an Weisheit und Güte verkörpert. Sie fühlen sich eingeladen, diese Person zu besuchen und mit ihr zu sprechen. Dieser gütige und weise Mensch blickt Sie warm und freundlich an und fragt Sie, was es alles Gutes in den zurückliegenden Monaten in Ihrem Leben gegeben hat. Sie halten inne und erzählen dann ausführlich von diesen Wochen und Monaten, die Sie erlebt haben. Sie blicken zurück und stellen fest, dass sich viel Positives in Ihrem Leben ereignet hat. Vielleicht hat sich Ihre Gesundheit verbessert. Oder Ihre Beziehungen haben sich verbessert. Tätigsein, Karriere und Geld haben sich vielleicht verbessert. Und auch andere gute Dinge sind passiert. Ein Gefühl von Freude und tiefer Dankbarkeit durchströmt sie. Lassen Sie all die Bilder der Dinge in sich aufsteigen, über deren Erfüllung Sie wirklich glücklich sind, und erzählen Sie darüber. Verweilen Sie in diesen Bildern. Stellen Sie sich alle Einzelheiten so detailliert wie möglich vor. Wenn Sie das Gefühl haben, dass Sie genug haben, danken Sie dem gütigen und weisen Menschen, verabschieden Sie sich und gehen Sie den Weg durch den Garten zurück und verlassen Sie ihn, bis Sie wieder in Ihrem Tempo in der Gegenwart angekommen sind.

Lassen Sie sich Zeit, das, was nun in Ihnen entstanden ist, auf sich wirken zu lassen. Prüfen Sie erst später, wie Ihre derzeitige Wirklichkeit zu der Vision Ihrer Gedankenreise passt.

Schritt 2: Die Wunsch-Top-Ten

Nehmen Sie sich einige Stunden später oder erst am nächsten Tag etwas Zeit, um Stichworte zu notieren, ein Bild oder auch eine Mind-Map Ihrer Zukunftswünsche anzufertigen. Eine Mind-Map zur Annäherung an Ihre Zukunftswünsche könnte zum Beispiel so aussehen:

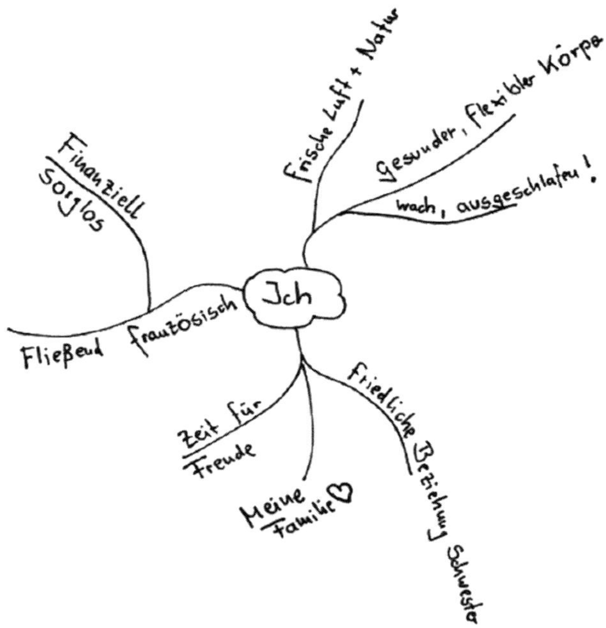

Mind-Map Zukunftswünsche

Nachdem ein wenig Zeit nach Erstellen der Mind Map vergangen ist, nehmen Sie Schreibzeug zur Hand und erarbeiten Sie eine Liste Ihrer (maximal) zehn wichtigsten Wünsche für die kommenden 12 Monate. Bitte beachten Sie unbedingt Folgendes:

- Ihre Wünsche sollten **positiv als Annäherung** und nicht negativ als Vermeidung formuliert sein. Formulieren Sie z. B. „Meine Kinder und ich verstehen uns gut." Anstatt: „Meine Kinder und ich haben keinen Streit mehr." Oder: „Ich fühle mich fit und leistungsfähig" anstatt: „Ich bin nicht mehr so müde." Wie ein Magnet ziehen negative Formulierungen negative Gedanken an. Stattdessen sind positiv formulierte Annäherungswünsche mit angenehmen Gefühlen verbunden, beleben und beflügeln.
- Formulieren Sie Ihre Wünsche so, als wäre der entsprechende Wunsch **bereits in Erfüllung** gegangen. Die Wunschformulierung drückt also den gewünschten Endzustand aus, z. B.: „Meine Kinder und ich haben uns dieses Jahr wirklich gut verstanden", oder: „Ich bin befördert worden", oder: „Ich habe die Aufnahmeprüfung für das Gymnasium bestanden."
- Drücken Sie innerhalb Ihrer Wunschformulierung auf jeden Fall auch Ihre **Dankbarkeit für die Wunscherfüllung** aus, z. B.: „Ich bin außerordentlich dankbar dafür, dass meine Kinder und ich uns dieses Jahr so gut verstanden haben."

Kraftvolle Wünsche sind also zusammengefasst

- positiv
- als gewünschter Endzustand und
- in Dankbarkeit

formuliert.

Notieren Sie nun hier Ihre (maximal) zehn Wünsche für die kommenden 12 Monate:

Meine Wunsch-Top-Ten

1.
2.
3.
4.
5.
6.
7.
8.
9.
10.

Schritt 3: Zuordnung meiner Wünsche zu drei Lebensbereichen

Ordnen Sie jeden Ihrer zehn Wünsche einem Lebensbereich zu. Markieren Sie jeden Wunsch mit G für „Körperliche und seelische Gesundheit", B für „Beziehungen und Interaktion" oder T für „Tätigsein, Karriere und Geld". Diese Sortierung hilft Ihnen, sich darüber klar zu werden, in welchem Lebensbereich Sie das meiste Potenzial für Ihre Wunscherfüllung sehen.

Schritt 4: Meinen Herzenswunsch finden

Gehen Sie nun im Geist Ihre Wünsche nochmals durch. Stellen Sie sich in allen Einzelheiten vor, wie es war, als sich Ihr Wunsch erfüllte. Stellten Sie Unterschiede im Intensitätsgrad Ihrer positiven Gefühle fest? Bei welchen Ihrer Wünsche fühlten Sie sich wirklich erfüllt und glücklich? Folgen Sie Ihrem Bauchgefühl. Es wird Sie untrüglich zu Ihren wahren Wünschen leiten. Hören Sie nicht auf Sätze Ihrer inneren Stimmen, die mit „Du müsstest …" oder „Du solltest …" beginnen. Versuchen Sie zu träumen und zu fühlen, wo die größte innere Freude und Leichtigkeit entsteht, wenn Sie sich die Wunscherfüllung in allen Einzelheiten vorstellen. Wenn wir uns imaginierend unsere Wunscherfüllung erlauben, kommen wir mit unserem inneren Reichtum in Kontakt.

Untersuchen Sie Ihre Wünsche nun hinsichtlich ihres Erfüllungsgrades: Können Sie Ihren Wunsch eigenständig erfüllen, oder sind Sie *ausschließlich* vom Verhalten anderer Personen oder vom Zufall abhängig? Können Sie Ihre Wünsche dank eigener Aktivität, eigener Handlungen, eigener Möglichkeiten, der eigenen Bereitschaft und des eigenen Willens erreichen? Oder sind Sie ausschließlich auf äußere Umstände angewiesen? Lösen Ihre Wünsche Freude und Lust in Ihnen aus, oder entstehen sogar negative Gefühle, wie Druck, Angst oder Schuld? Sind sie bereit, zugunsten des Wunsches möglicherweise auf etwas anderes zu verzichten? Sind Sie sich darüber im Klaren, dass Ihr Wunsch einen Preis hat, und sind Sie bereit, diesen zu bezahlen? Spüren Sie diejenigen Wünsche heraus, die sich auch jetzt noch wunderbar stimmig anfühlen. Vielleicht möchten Sie einige Wünsche auch umformulieren. Lesen Sie Ihre Liste dann nochmals sorgfältig mit dem Gefühl von Dankbarkeit über die Wunscherfüllung durch.

Suchen Sie sich nun Ihren wichtigsten Wunsch für die kommenden 12 Monate aus. Wenn Sie sich schlecht entscheiden können, bilden Sie Paare von jeweils zwei Wünschen. Wägen Sie die beiden Wünsche gegeneinander ab hinsichtlich Ihrer Freude, die Sie empfinden, wenn diese erfüllt sind. In der ersten Phase Ihrer Abwägung können Sie Ihre Liste von ursprünglich zehn auf fünf reduzieren, wie es auch in der nachfolgenden Abbildung dargestellt ist. In den Phasen 2 und 3 wägen Sie dann weiter jeweils zwei Wunschpaare gegeneinander ab. Auf diese Weise können Sie Ihre Liste Stück für Stück reduzieren, bis Sie Ihren größten Wunsch oder Ihre größten Wünsche gefunden haben.

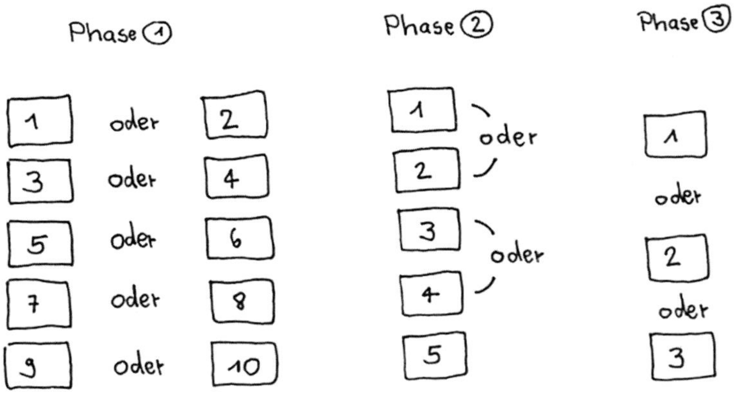

Sie können mit mehreren Wünschen in die kommenden 12 Monate gehen oder auch nur mit einem. Eine Fokussierung auf nur einen Wunsch empfiehlt sich, wenn Sie das erste Mal mit diesem Buch arbeiten und Erfahrungen sammeln möchten. Sie können aber auch parallel mit mehreren Wünschen unterwegs sein, doch verzetteln Sie sich nicht. Notieren Sie Ihren größten Wunsch oder Ihre größten Wünsche für die kommenden 12 Monate auf der nächsten Seite.

> *„Unsere Wünsche sind Vorgefühle der Fähigkeiten, die in uns liegen, Vorboten desjenigen, was wir zu leisten imstande sein werden."*
>
> (Johann Wolfgang von Goethe)

Mein allerbestes Jahr

Mein wichtigster Wunsch / meine wichtigsten Wünsche für die kommenden 12 Monate

Körperliche und seelische Gesundheit
Beziehungen und Interaktion
Tätigsein, Karriere und Geld
Weitere Aspekte, für die ich dankbar bin

Weitere leere Raster, um Ihre Wünsche zu notieren, finden Sie online unter ↗ http://www.junfermann.de.

Sollten Sie sich trotz der oben genannten Hilfestellung schwertun, sich Ihren Wünschen anzunähern, finden Sie in der Inspiration 5.30 „Wunschlos glücklich – oder doch lieber neue Wünsche entdecken" (s. Seite 170 ff.) weitere Ideen, die Sie darin unterstützen.

Schritt 5: Wunschvisualisierung – Bilder und Erinnerungshilfen für meine Wünsche

Wenn Sie Freude daran haben, können Sie nun Bilder zusammentragen, die die Erfüllung Ihres Wunsches zeigen. Blättern Sie in Zeitschriften, drucken Sie Bilder aus dem Internet aus oder fertigen Sie selbst eine Zeichnung an. Hängen Sie diese Bilder an Orten auf, wo Sie sie häufig sehen, z. B. an Ihrer Haustür, am Lichtschalter, an Ihrem Arbeitsplatz, am Kühlschrank, an der Kaffeemaschine, über der WC-Papier-Rolle, am Kleiderschrank, im Auto, im Portemonnaie oder an Ihrem Spiegel. Sie können sich auch Symbole suchen und aufstellen, welche die Erfüllung Ihrer Wünsche anzeigen. Auch ein passender Schlüsselhänger kann als Erinnerungssymbol dienen. Bildschirmschoner mit dem Bild Ihrer Wunscherfüllung auf Laptop und Handy sind ebenfalls eine gute Idee, sich täglich zu erinnern. Wichtig ist, dass diese Bilder und Symbole in Ihnen ein starkes Gefühl der Freude und Dankbarkeit auslösen, wenn Sie daran denken, dass sich Ihre Wünsche bereits erfüllt haben.

Die bildlichen Erinnerungshilfen sollen Sie nicht unter Druck setzen, sondern ein rundherum positives Gefühl auslösen. Eine Frau, die wegen ihrer großen Prüfungsangst zu mir ins Coaching kam, suchte lange nach ihrem Symbol. Es sollte sie mit ihrem bereits vorhandenen inneren Kraftfeld in Verbindung bringen, das sie speziell in Prüfungssituationen gezielt aktivieren wollte. Zunächst wählte sie einen ihrer Ringe am Finger. Sie merkte schnell, dass dies nicht funktionierte, weil der Ring etwas war, was sie schon hatte. Die Bewältigung der Prüfungsangst war jedoch eine Kompetenz, die sie nun neu entwickelte. Deshalb fiel ihre Wahl auf etwas Neues. Sie suchte sich einen Glitzerstein aus, den sie an ihrem Schlüsselbund trug und der sie daran erinnerte, endlich den Schlüssel zu ihrem Kraftfeld gefunden zu haben und nutzen zu können. Die für ihre Beförderung entscheidende mündliche Prüfung meisterte sie Wochen später mit Bravour.

Ihr Herzenswunsch, in Dankbarkeit als bereits erfüllt gedacht, ist ab sofort Ihr Begleiter. Notieren Sie, wenn Sie möchten, Ihren Wunsch auf ein Kärtchen, deponieren Sie es in Ihrem Portemonnaie, in Ihrem Kalender oder in Ihrer Tasche und tragen Sie es bei sich. Sie können sich auch ein Lesezeichen für ein Buch mit Ihrem Wunsch darauf erstellen. Lesen Sie Ihren Wunsch immer einmal wieder durch. Stellen Sie sich in allen Einzelheiten vor, wie es sich anfühlt, wenn sich Ihr Wunsch bereits erfüllt hat. Freuen Sie sich und sagen Sie innerlich danke.

Am Ende des Buches (S. 184) und online unter ↗ http://www.junfermann.de finden Sie eine Vorlage für eine leere Wunschliste, die Sie verwenden (und individuell umgestalten) können, falls sich Ihre Wünsche während des Jahres verändern. Denn ein Wunsch ist etwas Vorläufiges. Und doch ist es wichtig, an unseren Wünschen dranzubleiben. Die Beschäftigung mit dem, was uns wichtig ist, führt uns immer näher zu dem, was uns im tiefsten Innern ausmacht.

Nun geht es um den Mut, die ersten Schritte zu tun. Und darum, beharrlich weiterzugehen, wenn wir feststellen, dass der Weg der richtige ist. Außerdem schulen wir unsere Wahrnehmung, damit wir die Fügungen, die uns von außen in unserer Wunscherfüllung unterstützen, erkennen können. Täglich werden uns viele kleine oder größere Fügungen angeboten, die wir vorbeiziehen lassen, wenn wir unsere Wahrnehmung nicht auf sie fokussieren. Wenn wir uns öffnen mit der Gewissheit, dass unsere Wunscherfüllung von außen unterstützt werden wird, werden wir tatsächlich viel Unterstützung erfahren. Es ist eine Freude und auch manchmal sehr überraschend, die vielen kleinen und großen Fügungen, die uns täglich in Bezug auf unsere Herzenswünsche angeboten werden, zu sehen, anzunehmen und zu nutzen. Eine Bekannte, die sich seit längerem mit dem Gedanken beschäftigte, ihren Job zu kündigen, weil sie sich auf der alten Stelle zu sehr verbiegen musste, erzählte mir, dass sie durch eine solche kleine Fügung den Mut fand, tatsächlich zu kündigen: Sie traf zufällig einen Bekannten, plauderte mit ihm, ohne die Jobthematik auch nur mit einem Wort zu erwähnen. Beiläufig erzählte dieser von einem Satz, der ihn derzeit beschäftigte, und wollte ihre Meinung dazu hören. Der Satz des deutschen Philosophen Theodor W. Adorno lautete: „Es gibt kein richtiges Leben im falschen." Augenblicklich wusste meine Bekannte, was sie zu tun hatte, und konnte sich endlich für die Kündigung entscheiden. Der falsche Job behinderte sie, ein richtiges Leben zu führen. So brachte sie ihre Offenheit für kleine Fügungen am Wegesrand zu einer wichtigen Entscheidung, mit der sie ihrem Wunsch nach einem befriedigenden Arbeitsleben ein entscheidendes Stück näher kam.

In folgendem Kapitel finden Sie eine Anregung, wie Sie jede einzelne der nun kommenden Wochen für Ihre Wunscherfüllung nutzen können. Sie können die Wochenblätter ein ganzes Jahr lang oder länger nutzen oder auch während einer kürzeren Zeitspanne. Vielleicht wollen Sie zwischendurch auch eine Pause machen und dann wieder beginnen, mit den Wochenblättern zu arbeiten.

So wie eine berufstätige Mutter zweier Kinder in der Pubertät, die es nach der Lektüre des Buches endlich schaffte, Ihr Arbeitszimmer aufzuräumen. Über diesen Erfolg war sie sehr glücklich, denn Sie hatte dieses Vorhaben monatelang vor sich hergeschoben. Die Freude über das Erreichte war derart nachhaltig, dass sich weitere Wunscherfüllungen wie von selbst einstellten und sie erst viel später wieder begann, mit den Wochenblättern weiterzuarbeiten. Oder ein Wissenschaftler, dem es zu Beginn der Lektüre nicht gelang, seine Wünsche konkret zu fassen. Er war aber von der täglichen Reflexion der Ereignisse seines Lebens so fasziniert, dass er die Wochenblätter sehr regelmäßig nutzte und feststellte, dass es die quasi kleinen Dinge im Alltag sind, die sein Leben bereicherten. Diese Erkenntnis führte ihn schließlich näher an das Bewusstsein für seine eigentlichen Wünsche.

Bitte nutzen Sie deshalb das Buch und die Wochenblätter ganz so, wie es Ihnen und Ihrer Natur entspricht.

4. Woche für Woche zur Wunscherfüllung

Die große Herausforderung auf dem Weg zur Wunscherfüllung besteht darin, stetig ausdauernd und mit Leichtigkeit dranzubleiben. Hierfür können wir den Wochenrhythmus nutzen: Sechs Tage bleiben wir konstant, bewusst und leichtfüßig auf unserem Weg. Unsere Wünsche begleiten uns stetig: Sie sind vielleicht direkt in dieses Buch hineingeschrieben oder, wie auf Seite 57 („Wunschvisualisierung") beschrieben, an verschiedenen Orten bildlich dargestellt. Idealerweise tragen wir sie auch bei uns.

Am Tag sieben widmen wir uns dem Rückblick. Wir ziehen Bilanz und bereiten gestärkt und um wertvolle Erfahrungen reicher die neue Woche vor. Diese Vorbereitung erfolgt nach dem gleichen Zwei-Phasen-Prinzip der Betrachtung von Vergangenheit und Zukunft, das Sie bereits kennen. Sie ist eine gedankliche Zeitreise in die Vergangenheit, damit wir die hinter uns liegenden Geschehnisse auch in Bezug auf unsere Wünsche würdigen können. Wir können Negatives oder Unerwünschtes loslassen und Positives oder Erwünschtes gedanklich verstärken. Mit dieser Klärung starten wir in die neue Woche und in die Zukunft, um uns im Wochenalltag wunschgemäß ausrichten und orientieren zu können.

Am Ende dieses Kapitels finden Sie ein Wochenblatt für Ihr Wunsch-Logbuch zum Ausfüllen. Sie sollten zumindest drei Wochen lang damit arbeiten, es also dreimal kopieren oder unter ↗ http://www.junfermann.de (Mediathek zum Titel) herunterladen. Drei Wochen, das sind 21 Tage. Und diese 21 Tage benötigen Sie, um eine nützliche Routine für Ihre persönliche Wunscherfüllung zu entwickeln. Im Fall, dass Sie richtig gute Erfahrungen mit den Wochenblättern sammeln, können Sie sich weitere Wochenblätter in beliebiger Anzahl kopieren oder downloaden. Diese sollen Sie Woche für Woche auf Ihrem persönlichen Weg zur Wunscherfüllung begleiten. Sie helfen Ihnen, konstant weiterzugehen. Ideal ist es, wenn Sie Ihr Wochenblatt neben Ihr Bett auf den Nachttisch legen, damit Sie jeden Abend eine kurze Notiz hineinschreiben können. Oder Sie haben Ihr Wochenblatt tagsüber dabei und schreiben dann, wenn Sie Zeit und Muße haben. Am Wochenende, z. B. am Sonntagabend können Sie Ihren Wochenrückblick halten und die neue Woche vorbereiten.

Falls Ihnen das Ausfüllen der Wochenblätter auf Papier zu umständlich ist, können Sie das Ganze natürlich auch elektronisch tun. Anregungen dazu finden Sie im Abschnitt 4.2 (S. 69 ff.). Für diejenigen, die keine „doppelte Buchführung" praktizieren wollen und keine separaten Wochenblätter führen möchten, empfiehlt es sich, die Eintragungen im gewohnten Kalender vorzunehmen. Zugleich möchte ich Ihnen

Beispiel für ein ausgefülltes Wochenblatt

Woche Nr. 22/2015

Meine Wünsche:

1. Gesundheit (ohne Rückenschmerzen)
2. Verbesserte Beziehung zu meiner Schwester Silvie
3. Beförderung zur Teamleiterin

Aspekte der letzten Woche, für die ich dankbar bin und die mich für meine Wünsche stärken:

1. Habe endlich ein Pilates-Angebot gefunden!
2. SMS von Silvie, die mich echt freute.
3. Letztes Teammeeting lief sehr gut.

Was möchte ich diese Woche konkret für meine Wünsche denken und tun?

1. Pilates ausprobieren, außerdem öfter kurz vom Schreibtisch aufstehen (alle 30 Minuten)
2. Endlich Silvie anrufen
3. Urlaubsvertretung für Kollegin Maja richtig gut machen

Montag	Dienstag	Mittwoch	Donnerstag	Freitag	Samstag	Sonntag
Das Beste des Tages: *Herrlicher Sonnenschein! War während der Mittagspause laufen.*	Das Beste des Tages: *Öfter vom Schreibtisch aufgestanden (Wecker gestellt – morgen wieder). Abends schöne Hose für Pilates im Ausverkauf gefunden ☺*	Das Beste des Tages: *Konnte mich endlich zu Pilates aufraffen. Anstrengend, tat aber richtig gut nach dem Büro! Bis stolz auf mich!*	Das Beste des Tages: *Urlaubsvertretung für Maja stresst – Kollegen, insbes. Andreas zum Glück sehr verständnisvoll.*	Das Beste des Tages: *Silvie rief mich abends an; fühlte mich müde, Gespräch aber o.k.*	Das Beste des Tages: *Fuhr mit dem Rad anstatt mit dem Auto zum Markt. Keine Rückenschmerzen! Lustiger Abend mit Chris, Ingrid und Sara.*	Das Beste des Tages: *Ausgeschlafen – herrlich! Hab Silvie eine SMS geschrieben. Spaziergang in Abendstimmung, Reh gesehen!* Daran denken: Vorbereitung auf die neue Woche!

Wochenbilanz – das Beste der Woche in Bezug auf meine Wunscherfüllung:

1. Spürte die kräftigende Wirkung von Pilates – trotz anschließendem Muskelkater. Bewegung draußen tat mir auch gut.
2. Dankbar, dass Silvie anrief.
3. Ferienvertretung für Kollegin Maja geschafft ☺

sehr ans Herz legen, die empfohlene Struktur des Rückblicks auszuprobieren und Ihre Erkenntnisse auf jeden Fall schriftlich festzuhalten.

Somit können dieses Buch und Ihre Wochenblätter Ihre persönliche Anleitung zur Wunscherfüllung werden. Wenn Sie sie täglich für einen gewissen Zeitraum nutzen, werden sie sich nach und nach zu einem unermesslichen Schatz an persönlicher Lebenserfahrung entwickeln. Ein Tagebuch der Überraschungen, der Freude und der Dankbarkeit. Probieren Sie es zunächst mindestens einen Monat lang aus. Entscheiden Sie anschließend, ob Sie die Wochenblätter einen weiteren Monat nutzen möchten. Und noch einen weiteren und so weiter. Wenn Sie sich von diesem Vorschlag angesprochen fühlen und ihn für sich testen möchten, könnte ein ausgefülltes Wochenblatt so aussehen:

4.1 Anleitung zum Gebrauch der Wochenblätter

Es ist wichtig, dass Sie sich Ihre Wünsche immer wieder vergegenwärtigen. Erfreuen Sie sich an ihnen, als seien sie bereits in Erfüllung gegangen. Ihre Wochenblätter können Sie zur Wunscherfüllung wie folgt nutzen:

- Notieren Sie zunächst oben auf dem Wochenblatt Ihren Wunsch / Ihre Wünsche.
- Notieren Sie zu Beginn der Woche, was Sie an Kostbarkeiten, was Sie als Proviant und an Stärkung aus der Vergangenheit dabeihaben.
- Notieren Sie zu Beginn der Woche, was Sie konkret für die Wunscherfüllung tun möchten.
- Notieren Sie jeden Abend das Beste des Tages in Bezug auf Ihre Wunscherfüllung. Sie können auch andere besondere Aspekte notieren, die für Sie von besonderer Bedeutung sind. Vielleicht ergeben sich hierdurch ganz neue Zugänge zu noch unbewussten Wünschen.
- Notieren Sie am Ende der Woche die drei Punkte, für die Sie in Bezug auf Ihre Wunscherfüllung dankbar sind und was Sie loslassen möchten.

Was ist der Hintergrund dieser vier Schritte?

Schritt 1: Notieren Sie zu Beginn der Woche, was Sie als „Proviant" an Stärkung dabeihaben

Es verschafft uns ein gutes Gefühl, sich gestärkt auf den Weg zu machen. Vielfach ist uns jedoch nur wenig bewusst, aus welch großem Reservoir an Ressourcen wir schöpfen können. Ressourcen können sein: positive Erfahrungen, geglückte Vorhaben, hilfreiche Menschen, Talente und Fähigkeiten. Ressourcen sind all das, von dem

Sie sich persönlich gestärkt und unterstützt fühlen. Nachdem Sie Ihre Notizen zu Ihrem persönlichen Proviant erstellt haben, werden Sie wahrscheinlich ein Gefühl von Stärkung, Zuversicht, Geleit und Reichtum fühlen können.

Schritt 2: Notieren Sie zu Beginn der Woche, was Sie konkret für die Wunscherfüllung tun möchten

Eine Reise von 1.000 Meilen beginnt mit dem ersten Schritt. Und sie besteht aus weiteren einzelnen Schritten. Überlegen Sie sich deshalb pro Wunsch etwas, was Sie nächste Woche denken, fühlen oder tun möchten. Idealerweise sind Ihre Vorhaben auf die Erfüllung Ihrer Wünsche abgestimmt. Überlegen Sie sich auch, was Sie vom Nützlichen der letzten Woche wiederholen oder sogar verstärken können. Was vom weniger Nützlichen der letzten Woche können Sie selbst verändern und diese Woche anders gestalten?

Hier einige Beispiele als Inspirationen:

Gesundheit. Wenn Ihr Wunsch beispielsweise lautet: „Ich bin überaus dankbar für meinen gesunden, beweglichen Körper." → Dann könnte ein passender Schritt sein: „Ich möchte in dieser Woche täglich mehr Wasser trinken als sonst."

Beziehungen. Oder Ihr Wunsch lautet: „Ich bin überaus dankbar, dass ich über ein tragfähiges soziales Netzwerk verfüge." → Dann könnte ein möglicher Schritt sein: „Ich möchte in dieser Woche alle Menschen, mit denen ich Kontakt habe, bewusst mit ihrem Namen ansprechen und ihnen besondere Aufmerksamkeit schenken."

Tätigsein, Karriere und Geld. Oder Ihr Wunsch lautet: „Ich bin überaus dankbar, dass ich im Jahr 2015 befördert wurde." → Dann könnte ein passender erster Schritt sein: „Ich möchte in dieser Woche täglich drei neue Gründe finden, was mir an meiner Arbeit Freude bereitet." Oder: „Ich möchte in dieser Woche eine Übersicht meiner beruflichen Erfolge der letzten drei Jahre erstellen."

Tragen Sie Ihre drei Vorhaben in das Feld mit dem Zauberstab der neuen Woche ein. Kleine, konsequente und realistische Schritte sind besser als zu große Schritte, die mit viel zusätzlichem Zeitaufwand verbunden sind. Falls beispielsweise Fitness Ihr Thema ist, können Sie, anstatt sich vorzunehmen, viermal pro Woche joggen zu gehen, damit beginnen, einmal am Tag die Treppe anstatt des Lifts zu benutzen. Das ist realistisch und kostet kaum zusätzliche Zeit. Falls Sie damit gute Erfahrungen gemacht haben, können Sie in der folgenden Woche daran anschließen und mit dem nächsten kleinen Schritt fortfahren.

Versuchen Sie, diese drei Dinge, die Sie sich vorgenommen haben, konsequent umzusetzen. Aber seien Sie dabei fürsorglich zu sich selbst und nicht zu streng. Dieses Buch soll Ihnen Glück und ein gutes Gefühl bringen und keinen Stress auslösen. Freuen Sie sich über die positiven Auswirkungen Ihrer Gedanken und Handlungen, auch wenn diese noch so minimal sind.

Schritt 3: Notieren Sie jeden Abend das Beste des Tages in Bezug auf Ihre Wunscherfüllung

Diese kleine Routine jeden Abend wird Ihnen ein gutes Gefühl beim Einschlafen geben. Lassen Sie den Tag gedanklich Revue passieren und vergegenwärtigen Sie sich, was das Beste war, was Ihnen heute in Bezug auf Ihre Wunscherfüllung (oder auch einfach so) widerfahren ist. Was ist Ihnen geglückt? Was ist scheinbar ohne Ihr Zutun gelungen? Gab es glückliche Begegnungen oder Fügungen? Ereigneten sich besonders schöne Momente, für die Sie dankbar sind? Notieren Sie mindestens ein Stichwort für das Beste dieses Tages und erfreuen Sie sich daran. Dieser allabendliche Rückblick wird Sie langsam und stetig noch näher an Ihre Herzenswünsche heranführen. Denn im Erkennen dessen, was uns erfreut und beglückt hat, lernen wir uns täglich ein Stück neu und besser kennen. Fragen Sie sich, was der tiefer liegende Beweggrund war, warum ein bestimmtes Ereignis für Sie an diesem Tag so bedeutsam war. Vielleicht wurde ein unbewusstes Bedürfnis gestillt? Vielleicht konnten Sie ganz Sie selbst sein? Vielleicht entsprach eine Situation ganz Ihrem inneren Selbst? Die Beobachtung der täglichen kleinen Glanzpunkte hilft uns, mit unserem innersten Kern in Kontakt zu treten und uns hierdurch immer besser kennenzulernen.

Schritt 4: Notieren Sie am Ende der Woche die drei Punkte, für die Sie in Bezug auf Ihre Wunscherfüllung dankbar sind

Am Ende der Woche ist Bilanz- und insbesondere auch Erntezeit. Aber auch Zeit, um Negatives loszulassen. Bei der Weinlese werden auch nur die guten Trauben ausgewählt und weiterverarbeitet. Nehmen Sie sich am Ende der Woche etwas ungestörte Zeit, z. B. am Sonntagabend eine Viertelstunde. Sie werden mit viel Elan und Freude in Ihre neue Woche starten und auf dem Weg zur Wunscherfüllung ein Stück weiterkommen. Diese kleine Reflexion dauert nur wenige Minuten und ist sehr kraftvoll. Nutzen Sie hierfür das Wochenblatt des Kalenders wie folgt:

Blicken Sie zurück in die Woche, die hinter Ihnen liegt, und betrachten Sie die Schätze in Bezug auf Ihre Wunscherfüllung. Lassen Sie die Woche gedanklich Revue passieren und vergegenwärtigen Sie sich, was das Beste war, was Ihnen in dieser Woche in Bezug auf Ihre Wunscherfüllung (oder auch einfach so) widerfahren ist. Was ist Ihnen geglückt? Was ist scheinbar ohne Ihr Zutun gelungen? Gab es glückliche Begegnungen oder Fügungen? Ereigneten sich besonders schöne Momente, für die Sie dankbar sind? Notieren Sie drei Stichworte oder drei Sätze für das Beste dieser Woche und erfreuen Sie sich daran.

Außerdem ist es wohltuend und reinigend, Negatives loszulassen. Diese Reflexion gleicht einer gelungenen Aufräumaktion. So, als ob Sie ein Zimmer aufräumen oder den Kleiderschrank ausmisten oder Ordnung im Kühlschrank machen. Anschließend fühlt man sich erleichtert und befreit. Überlegen Sie sich also, was Ihnen in der zurückliegenden Woche nicht gutgetan hat. Was war weniger nützlich für Sie und die Wunscherfüllung? Betrachten Sie diese Dinge interessiert aus einer Position der neutralen Distanz, ohne dass Sie sich dabei schlecht fühlen. (Etwa so, als ob sie das Verfallsdatum eines Joghurts prüfen würden.) Bedanken Sie sich innerlich für die mit dem Ereignis zusammenhängenden Erfahrungen, die Sie machen durften. Leichtfüßigkeit und ein Lächeln können helfen, selbst beeinflussbare negative Begebenheiten loszulassen. Wilhelm Busch merkt augenzwinkernd an: „Durch Fehler wird man klug, drum ist einer nicht genug." Falls nun noch ein Rest an Negativem vorhanden ist, stellen Sie sich vor Ihrem geistigen Auge vor, dass dieser sich immer weiter von Ihnen entfernt, bis er nicht mehr sichtbar ist. Oder Sie stellen sich ganz praktisch vor, wie Sie den letzten Rest an Negativem einfach in die Mülltonne werfen.

Nun sind Sie bereit, mit positiven Ereignissen gestärkt und von Unerwünschtem befreit in die neue Woche zu starten. Eine neue Woche liegt vor uns. Ein leeres Wochenblatt. Es ist eine Tatsache, dass wir immer wieder neu beginnen. Ob uns das bewusst ist oder nicht. Die Haltung des Anfängergeistes beinhaltet, dass wir auch Dinge, die wir schon oft getan haben, mit einer offenen Haltung tun. Diese Haltung kann helfen, immer wieder Neues zu entdecken. Neue Türen werden aufgehen auf Ihrem Weg zur Wunscherfüllung. Wir können bemerken, wie viel Reichtum auch im Einfachen und im scheinbar schon ganz Vertrauten steckt.

In diesem Zusammenhang möchten Sie vielleicht Ihre Wunschliste reflektieren. Sind Ihre Wünsche noch stimmig für Sie? Oder möchten Sie sie ergänzen, reduzieren oder umformulieren? Wir sollten uns nicht voreilig oder leichtfertig von unseren Wünschen verabschieden. Es kann jedoch im Einzelfall sinnvoll sein, einen Wunsch zu präzisieren oder umzuformulieren oder gänzlich neu zu formulieren. Korrigieren Sie in diesem Fall Ihre Wunschliste in diesem Buch und passen Sie auch das entsprechende Bild oder Ihre Erinnerungshilfe an.

Es kann sein, dass Ihr Wunsch einen anderen, noch unbewussten Wunsch umkreist. Dann stellt sich die Frage, was es ist, das diese Wünsche umkreisen. Wünsche können sehr vorläufigen Charakter besitzen. Aber nur, wenn wir an unseren Wünschen stetig dranbleiben, kommen wir weiter. Wenn wir vorschnell aufgeben und sogleich einen völlig anderen Wunsch halbherzig verfolgen, haben wir nichts erreicht. Wir bewegen uns an der Oberfläche, ohne verstanden zu haben, welcher tiefere Wunsch sich hinter unseren Wünschen verbirgt. Hierzu ein beeindruckendes und sehr schönes Beispiel:

BEISPIEL

Ein Mann, der viele Wochen mit diesem Buch gearbeitet hatte, erzählte mir, dass er interessanterweise durch die Reflexion der Höhepunkte des Tages seinen wahren Wünschen näher gekommen sei. Er war sehr ehrgeizig und leistungsorientiert. Seine besten Erlebnisse des Tages waren zumeist Begegnungen mit Menschen, die ihm positives Feedback, auch unabhängig von den von ihm erbrachten Leistungen, gaben. „Liebe durch Leistung" lautete sein unbewusstes, aber sehr stark wirksames Lebensmotto, mit dem er sich immer wieder zu Höchstleistungen antrieb. Er erkannte mit der Zeit, dass es sein tiefster Wunsch war, auch ohne Leistungserbringung akzeptiert zu werden. Und so begann er, sich diese Akzeptanz, nach der er sich sehnte, zunächst einmal selbst zu geben. Innerhalb seiner Arbeit war er weniger verbissen als vorher, entspannte sich und konnte hierdurch sowohl die Freude als auch die Qualität seiner Ergebnisse steigern. Er schaffte es auch, sich vom Urteil anderer etwas freier zu machen. Die von ihm zu Beginn der Buchlektüre erstellte Wunschliste ging wie von selbst in Erfüllung. Sie war zugleich weniger wichtig geworden. Viel wichtiger war für ihn nun die Selbstakzeptanz, die er täglich übte.

Bleiben Sie deshalb auf jeden Fall bei Ihrem Wunsch und befassen Sie sich mit ihm. Reflektieren Sie Ihre Tage. Vielleicht möchten Sie im Laufe der Zeit Ihren Wunsch anpassen, weil etwas anderes hinter diesem Wunsch aufgetaucht ist. Sorgen Sie dann dafür, dass Sie in der kommenden Woche diesen veränderten Wunsch mehrmals am Tag lesen können. Tragen Sie ihn immer bei sich, z. B. in Ihrer Geldbörse, in Ihrem Kalender oder in Ihrer Hosentasche. Sie können Ihren aufgeschriebenen Wunsch auch mit dem Handy fotografieren und als Hintergrundbild verwenden. Oder Sie setzen sich eine passende Erinnerung in Ihrer elektronischen Agenda. Und denken Sie daran: Kraftvolle Wunschsätze sind mit positiven Worten als ein gewünschter Endzustand formuliert, der sich bereits erfüllt hat und für den Sie dankbar sind.

4.2 Wochenblätter zum Ausfüllen für die Begleitung der Wunscherfüllung

Auf der nächsten Seite finden Sie ein Wochenblatt zum Ausprobieren und Eintragen direkt in dieses Buch. Kopieren Sie sich bei Bedarf vorher weitere leere Wochenblätter für Ihren persönlichen Gebrauch. Oder nutzen Sie den für Sie bereitgestellten Download in der Mediathek zum Titel unter ↗ http://www.junfermann.de.

Wochenblätter

Woche Nr.

Meine Wünsche:

Aspekte der letzten Woche, für die ich dankbar bin und die mich für meine Wünsche stärken:

Was möchte ich diese Woche konkret für meine Wünsche denken und tun?

Montag	Dienstag	Mittwoch	Donnerstag	Freitag	Samstag	Sonntag
Das Beste des Tages:	Das Beste des Tages:	Das Beste des Tages:	Das Beste des Tages:	Das Beste des Tages:	Das Beste des Tages:	Das Beste des Tages: Daran denken: Vorbereitung auf die neue Woche!

Wochenbilanz – das Beste der Woche in Bezug auf meine Wunscherfüllung:

Elektronische Hilfe zur Wunscherfüllung

Falls Sie eine Zeitplanungssoftware wie Outlook oder Lotus Notes verwenden, können Sie sich passend formulierte Einträge für Ihre Wunscherfüllung erstellen. Definieren Sie Ihren Eintrag zur Wunscherfüllung als wiederkehrendes Ereignis, z. B. sieben Tage lang.

In der Beschreibung des Ereignisses können Sie die Struktur des Wochenblattes aufnehmen, wie unten gezeigt. Sie können täglich Ihre Eintragungen vornehmen und diese als tageweise abspeichern. Wenn Sie Ihren Kalender ausdrucken, erhalten Sie Ihr Wunsch-Logbuch schwarz auf weiß.

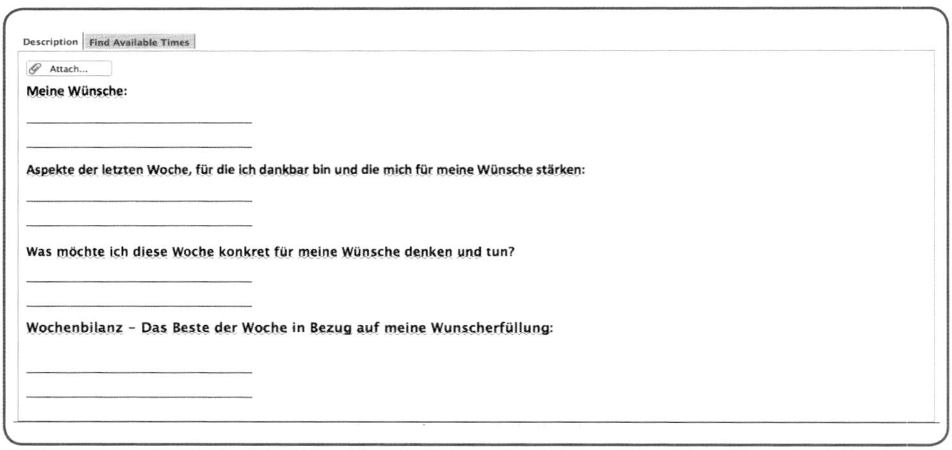

5. Inspirationen zur Wunscherfüllung

Für die meisten Menschen ist allein schon die Beschäftigung mit ihren Wünschen und die Reflexion ihrer Gedanken und Handlungen mittels Ausfüllen der Wochenblätter eine ausgezeichnete Hilfe.

Doch es gibt eine Fülle nützlicher Impulse und Ideen, die die persönliche Wunscherfüllung unterstützen können. In den nachfolgenden Kapiteln finden Sie eine Reihe solcher Inspirationen. Sie können diese Kapitel nacheinander durchlesen oder sich nur diejenigen aussuchen, deren Titel Sie ansprechen. Die Erfahrung zeigt, dass es pro Wunsch ein bis drei Inspirationen gibt, die Ihre Wunscherfüllung massiv beflügeln werden.

Ein Beispiel: Für einen Geschäftsmann, der den Wunsch hatte, den nächsten Karriereschritt zu gehen, waren vor allem die Inspirationen „So tun, als ob" und „Wie man Hindernisse in die Wunscherfüllung einbaut" nützlich.

Finden Sie heraus, welche Inspirationen Sie ganz persönlich am meisten ansprechen und werden Sie dann tatsächlich aktiv. Ganz nach dem bekannten Motto von Erich Kästner: „Es gibt nichts Gutes, außer man tut es."

Die Inspirationen sind nicht als Patentrezepte zu verstehen, sondern als Ideensammlung, von der Sie sich einladen lassen können, das ein oder andere auszuprobieren. Denn manch einer ist angesichts eigener Ideen zur Wunscherfüllung ein wenig betriebsblind geworden. Besonders dann, wenn wir es nicht gewohnt sind, die Wunscherfüllung in den normalen Alltag einzubeziehen, sondern sie auf „später" verschoben haben.

Unter Inspiration (von lat.: *inspiratio* „Beseelung", Einhauchen von *spiritus* „Leben, Seele, Geist") ist eine Eingebung, etwa ein unerwarteter Einfall oder der Ausgangspunkt von Kreativität zu verstehen. Die Inspiration ist mit der Intuition, unserer inneren Weisheit und dem Zugang zu unseren Erfahrungen, ein wenig verwandt. Man könnte sagen, dass die Inspiration überindividuell ist und oftmals durch einen Impuls von außen angestoßen wird. Wenn wir etwas Schönes sehen, wenn wir uns freuen, wenn wir Musik hören, die uns gefällt, wenn wir etwas Gutes lesen, wenn wir uns bewegen, wenn wir entspannt sind, um nur einige Beispiele zu nennen, kommen wir am leichtesten in Verbindung mit Prozessen, die uns inspirieren. Auf einmal fühlen wir uns verbundener mit unserem inneren Wissen, leichter und erfüllt von Gewissheit. Deshalb empfehle ich Ihnen, sich im Zusammenhang mit Ihrer Wunscherfüllung zu fragen, was Sie inspirieren könnte. Durch was sind Sie schon einmal inspiriert worden? Durch wen? Können Sie sich häufiger mit dem beschäftigen, was Sie inspiriert? Können Sie auch vermehrt mit Menschen zusammen sein, die Sie inspirieren? Je öfter wir uns inspirieren lassen, desto mehr bilden wir Kontraste zu Belastendem und zu Schwerem in unserem Leben.

Sie werden in diesem Buch eine Fülle von Inspirationen zur Wunscherfüllung finden. Die Inspirationen sind in unterschiedlicher Länge und Ausführlichkeit gestaltet. Sie sollen Ihnen Anregungen und Ideen geben, wie Sie Ihren Wünschen Schritt für Schritt näher kommen. Sie sind zugleich Motivation und Anstoß, Ihre Wunscherfüllung kontinuierlich weiterzuverfolgen. Einzelne Inspirationen muten vielleicht ungewohnt an. Fühlen Sie sich dann eingeladen, die gewohnten Bahnen und damit Ihre Komfortzone einmal zu verlassen. Manche Inspirationen sind vielleicht neu für Sie, manches wird Ihnen aber auch bekannt vorkommen. Sie alle haben zum Ziel, Sie anzuregen, mit neuer Kraft und frischer Energie an Ihre Wünsche zu glauben und dranzubleiben.

Zum Teil bestehen die Inspirationen aus kurzen Gedanken oder Zitaten, die Sie für sich z. B. als Wochenmotto verwenden können. Sie finden aber auch umfassend ausgearbeitete Ideen, die Sie einmal ausprobieren können. Lesen Sie sich die Inspirationen in aller Ruhe durch und warten Sie einfach ab, welche Ideen Ihnen besonders gut gefallen. Und dann: Probieren Sie das ein oder andere aus. Ganz nach Lust und Laune. Außerdem mit Konstanz und bewusster Aufmerksamkeit auf die entstehenden Auswirkungen. Wenn nur eine einzige kleine Inspiration davon Ihr Leben dieses Jahr bereichert, hat sich die Lektüre für Sie schon gelohnt.

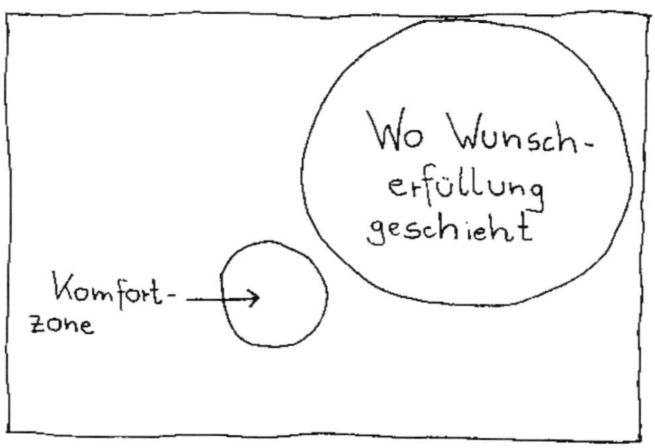

Willkommen zu Ihrer persönlichen Wunscherfüllung!

5.1 Inspiration: Meine Wünsche gehören mir!

„Sei du selbst. Alle anderen sind bereits vergeben."

(Oscar Wilde)

Es kann passieren, dass wir uns unsere Wünsche nicht eingestehen wollen, weil wir Angst haben, von anderen Menschen vielleicht als egoistisch oder unersättlich wahrgenommen zu werden, wenn wir zu ihnen stehen und uns für ihre Erfüllung einsetzen. Es kann auch sein, dass unsere Wünsche uns unangemessen, fremd oder gar bizarr anmuten und wir uns deshalb nicht wagen, uns näher mit ihnen zu befassen. Wir verdrängen sie, ignorieren sie oder schauen sie nur ganz kurz verschämt aus den Augenwinkeln an, bevor wir uns wieder unserem Alltag zuwenden. Oder unsere Wünsche sind so ziellos, vage und undefiniert, dass wir uns fragen, was wir eigentlich wollen, ohne eine Antwort zu finden. Ein unbestimmtes Begehren macht sich bemerkbar, bevor wir den Wunsch benennen können. Vielleicht eine Ruhelosigkeit oder ein Drang zu Bewegung und Aktivität oder eine diffuse Müdigkeit. Wir wissen, dass wir nach etwas suchen, und können es doch nicht finden. Weil wir nicht wissen, nach was wir genau suchen sollen.

Unsere Wünsche, ob präzise oder diffus, sind ein Teil von uns selbst. Sie zu hören, sich mit ihnen zu befassen, sie sich einzugestehen, sie zu hinterfragen, sie zu verstehen versuchen ist eine Fähigkeit, uns selbst zu hören. Unsere Wünsche zu hören setzt die Bereitschaft zu einem ganz besonderen Dialog voraus: die Bereitschaft, mit sich selbst in einen Dialog zu treten. Dann ist die Wahrscheinlichkeit groß, unsere tiefer liegenden Wünsche zu erkennen, sie zu begreifen und schließlich die Frage zu beantworten, ob und wie wir deren Erfüllung anstreben. Dann können wir innerlich sagen: „Ich habe euch gehört, und ich komme mit meiner Antwort."

Der folgende Text soll eine Ermutigung darstellen, sich ganz frei mit seinen Wünschen zu befassen. Er wurde inspiriert von Virginia Satirs „My Declaration of Self-Esteem" sowie dem Holstee-Manifesto „This is your life" und enthält Gedanken über unsere Wünsche, die als ein Teil unseres inneren Selbst zu verstehen sind.

Meine Wünsche gehören mir

Meine Wünsche sind so einzigartig wie ich selbst. Sie sind ein Teil von mir. Auf der ganzen Welt gibt es niemanden, der dieselben Wünsche hat wie ich. Sie entspringen meinem individuellen Denken und Fühlen. Deshalb sind meine Wünsche völlig authentisch mein Eigenes, denn ich allein weiß, dass meine Wünsche in diesem Moment meine Wünsche sind.

Meine Wünsche drücken aus, was in meiner Zukunft sein soll. Indem ich durch meine Wünsche meine Zukunft erdenke, schaffe ich mir einen Raum von Möglichkeiten. Ich übernehme Verantwortung für die Gestaltung meiner Zukunft. Meine Wünsche haben nichts mit Egoismus zu tun, sondern sind Ausdruck dafür, dass ich mich selbst achte. Einige meiner Wünsche verwirren oder beunruhigen mich vielleicht, andere kenne ich noch nicht. Doch indem ich aufmerksam und liebevoll mit meinen Wünschen umgehe und mich mit ihnen vertraut mache, lerne ich mich immer besser kennen.

Ich allein entscheide, um die Erfüllung welcher Wünsche ich mich mutig und zuversichtlich kümmern will. So kann ich selbst zu meinem eigenen Besten beitragen. Meine Siege und Erfolge auf dem Weg zur Erfüllung meiner Wünsche gehören mir, ebenso meine Misserfolge und Fehler. Welche Wünsche ich auch immer zu einem bestimmten Augenblick habe, all dies ist ein Teil von mir. Sie sind echt und drücken aus, wo ich mich zu einem bestimmten Zeitpunkt befinde.

Meine Wünsche zeigen mir meine Lebendigkeit und mein Entwicklungspotenzial. Erst wenn ich nicht mehr am Leben bin, kann ich nicht mehr wünschen. Wenn ich später überdenke, welche Wünsche ich gehegt und welche sich mir durch mein eigenes Zutun erfüllt oder nicht erfüllt haben, so mag mir einiges vielleicht nachträglich als töricht, unangebracht oder unpassend erscheinen. Ich kann heute das, was ich als ungeeignet erkannt habe, fallen lassen, das Bewährte beibehalten und einen neuen Wunsch verwirklichen, der an die Stelle des alten tritt. Ich kann fühlen, denken, ahnen, sehen, hören, sprechen und handeln. Ich bin in der Lage, für die Verwirklichung meiner Wünsche einzustehen. Zugleich kann ich anderen nahe sein, produktiv sein und die Welt der Menschen, Dinge und Geschehnisse um mich herum in einem sinnvollen und geordneten Zusammenhang erleben. Meine Wünsche sind ein Teil von mir. Ich gehöre mir und kann mich deshalb auch selbst steuern. Ich bin ich und ich bin mit meinen Wünschen genau richtig.

5.2 Inspiration: Morgen-Ritual für einen positiven Tagesstart

„Jedes Erwachen ist ein Neubeginn."

(Wilma Klevinghaus)

Dank dieser Gedankenübung werden Sie ab sofort gut gelaunt und energievoll den Tag beginnen. Und sie kostet Sie keinerlei zusätzliche Zeit. Sie können sie bequem während Ihrer Morgenroutine durchführen. Insbesondere für Menschen, die morgens zu sorgenvollen Gedanken neigen, wird sich bereits nach einmaliger Durchführung eine positive Wirkung entfalten. Versuchen Sie, die Übung jeden Tag durchzuführen. Die Wirkung ist erstaunlich. Denn wir sind, was wir denken. Sagen Sie gedanklich „danke" für all die vielen Dinge, die uns so selbstverständlich erscheinen, aber alles andere als selbstverständlich sind:

Hier einige Beispiele:

- Für Ihren Schlaf, der Ihren Körper und Ihren Geist mit frischer Energie versorgt, auch wenn Sie nur kurz geschlafen haben;
- für diesen neuen Tag, der Ihnen geschenkt wird;
- für Ihr Augenlicht, falls Sie sehen können;
- für Ihr Bett und die Einrichtung Ihres Schlafzimmers;
- für Ihre Muskelkraft, die Sie aufstehen lässt;
- für das warme Wasser zum Duschen;
- für Zahnbürste und Zahnpasta, die Sie erfrischen;
- für die feine Kosmetik, mit der Sie sich pflegen dürfen;
- für den herrlichen Duft des Kaffees;
- für Ihren gefüllten Kleider- und Schuhschrank, aus dem Sie auswählen dürfen;
- für Ihr Haustier, das Sie freudig begrüßt;
- für verschlafene oder gut gelaunte Mitbewohner;
- für das Brot, das irgendein Bäcker für Sie gebacken hat;
- für die frische gute Atemluft beim Öffnen des Fensters;
- für Ihr Auto oder Ihr Fahrrad, das auf Sie wartet, oder die S-Bahn, die Sie verlässlich transportiert
- …

Die Liste ist unendlich. Beginnen Sie gleich am nächsten Morgen damit, sich all das Gute, was zu Ihrer Verfügung ist, in Ihr Bewusstsein zu rufen. Es ist ein beglückendes Gefühl, sich die Fülle, die uns umgibt, bewusst zu machen. Empfinden Sie dafür so viel Freude und Dankbarkeit wie möglich. Die Wirkung auf Ihr Lebensgefühl wird erstaunlich sein.

Vergegenwärtigen Sie sich dann Ihren Wunsch oder Ihre Wünsche und stellen Sie sich ihre Erfüllung in allen Einzelheiten vor. Freuen Sie sich über Ihre Erfüllung, als sei sie bereits erfolgt. Zum Schluss rufen Sie sich Ihre drei Wochenschritte zur Wunscherfüllung in Erinnerung. Freuen Sie sich schon auf den Abend im Wissen, dass diese drei Schritte Sie Ihren Wünschen näher gebracht haben werden.

In Kürze

Jeden Morgen „danke“ sagen für alles Gute in unserem Leben. Jeden Morgen mit Zuversicht die Wunscherfüllung in uns lebendig werden lassen.

5.3 Inspiration: Abend-Ritual für einen guten Schlaf

„Die Dämmerung ist die tägliche Einladung an uns, langsamer zu werden und nach und nach die Dinge des Tages aus der Hand zu legen.“

(Antje Sabine Naegeli)

Dieses kleine Ritual am Abend vor dem Einschlafen hat eine erstaunliche Wirkung: Sie werden besser einschlafen und am nächsten Morgen mit positiven Gefühlen erwachen.

Das Einzige, was Sie dafür benötigen, ist ein kleiner Gegenstand, der bequem in Ihre Hand passt. Sie können sich dafür in der Natur einen schönen Stein suchen, einen Handschmeichler auswählen, ein glatt geschliffenes Stück Holz, einen Edelstein oder etwas ganz anderes. Sie können den Gegenstand auch so auswählen, dass er Sie an Ihre Wünsche erinnert.

Nehmen Sie Ihren Gegenstand vor dem Einschlafen in die Hand. Sie werden sich automatisch besser konzentrieren und fokussieren können. Das haptische Erlebnis verbindet sich mit der Tätigkeit des Rückschauhaltens. Es wird Ihnen dank Ihres Gegenstandes leichter fallen, den Tag in all seinen Facetten zu erinnern. Zudem wird der Gegenstand quasi aufgeladen mit vielen guten Erlebnissen. Er wird für Sie nach und nach ein Speicher guter Energie und ein Symbol des Reichtums in Ihrem Leben. Lassen Sie Ihren Tag Revue passieren und danken Sie innerlich für alles, was Ihnen Gutes widerfahren ist und Sie vielleicht Ihren Wünschen näher gebracht hat. Wählen Sie das Beste dieses Tages aus. Spüren Sie Ihre Freude und Dankbarkeit mit Ihrem Gegenstand in der Hand. Legen Sie ihn anschließend bewusst aus der Hand, so, wie Sie den Tag gehen lassen.

Lassen Sie die Ereignisse des Tages in Dankbarkeit los. Lassen Sie auch die Dinge hinter sich, die vielleicht schwierig waren. Allabendlich jeden Streit beenden, Ungelöstes aus der Hand geben und nichts Ungeordnetes mitschleppen. Anderen vergeben sowie sich selbst vergeben. Gedanklich um Vergebung bitten und dankbar darauf vertrauen, dass Ihnen vergeben wird. Abend für Abend mit mehr Genauigkeit und mehr Dankbarkeit, dafür weniger Sorge zurückblicken.

Wenn Sie mögen, können Sie ein Stichwort oder einen Satz im entsprechenden Feld Ihres Wochenblattes „Das Beste des Tages“ notieren.

Das tägliche Eindunkeln, das in unseren Breitengraden sehr behutsam vonstattengeht, bietet sich uns immer wieder als neue Chance an, Dankbarkeit für Gutes sowie das Loslassen von Unerwünschtem zu üben. Lesen Sie dazu auch folgende Geschichte:

„Die Geschichte trug sich in Japan im Leben von Rengetsu zu, einer hoch geachteten Zen-Anhängerin. Es gibt nur wenige Frauen, die im Zen zur höchsten Wahrheit gelangt sind. Rengetsu war eine von ihnen.

Sie war auf einer Pilgerreise und kam bei Sonnenuntergang in ein Dorf, wo sie um Unterkunft bat. Doch die Dorfbewohner schlugen ihr die Tür vor der Nase zu.

Die Nacht war kalt und die alte Frau ohne Bleibe, und sie war hungrig. Sie musste einen Kirschbaum auf dem Felde zu ihrem Dach machen. Es war wirklich kalt, so dass sie nicht gut schlief. Und gefährlich war es auch. Wilde Tiere und alle möglichen Geräusche machten ihr Angst. Um Mitternacht wachte sie auf. Sie fror erbärmlich – und erblickte über sich im Nachthimmel die vollends und vollkommen geöffneten Kirschblüten, die dem verschleierten Mond zulächelten. Überwältigt von dieser Schönheit stand sie auf und verbeugte sich mit folgenden Worten in Richtung des Dorfes:

„Da sie so freundlich waren, mir die Unterkunft zu verweigern, fand ich mich unter Blüten wieder in der Nacht des verschleierten Mondes."

Sie verspürte echte Dankbarkeit. Aus tiefstem Herzen dankte sie den Leuten, die ihr die Unterkunft verweigert hatten, da sie sonst unter einem gewöhnlichen Dach geschlafen und diesen Segen versäumt hätte – diese Kirschblüten und ihr Wispern unter dem verschleierten Mond, diese Stille der Nacht, die tiefe Stille der Nacht."

In Kürze

Jeden Abend innehalten: dankbar einsammeln, was heute gut war. Jeden Abend bewusst loslassen, was wir als belastend erlebt haben.

5.4 Inspiration: Rückblick und Ausblick am Monatsende

„In der falschen Stimmung vergeudest du deine Kraft in Zanken und Hadern, weil das Erwünschte nicht da ist, und wirfst die Kraft nicht in den Wunsch, wo sie hingehört."

(Prentice Mulfort)

Wenn Sie nach den ersten Wochen positive Erfahrungen mit dem Ausfüllen der Wochenblätter und der Fokussierung Ihrer Aufmerksamkeit auf Hilfreiches und Nützliches gesammelt haben, gefällt Ihnen vielleicht auch die Idee eines Monatsrückblicks. Der Monatsrückblick und der Ausblick auf den kommenden Monat erfolgen nach dem Zwei-Phasen-Prinzip der gedanklichen Zeitreise:

- Phase 1: Blick in die Vergangenheit, also auf den letzten Monat
- Phase 2: Blick in die Zukunft, also auf den neuen Monat

Nehmen Sie sich am Monatsende etwas ungestörte Zeit, z. B. eine halbe Stunde. Notieren Sie Ihre Gedanken, um gestärkt in den neuen Monat starten zu können. Wenn Sie sich Ihre Notizen später durchlesen, werden Sie voller Freude Ihre Entwicklung und Ihren Weg erkennen können.

Monatsbilanz – das Beste des Monats

Ich bin sehr dankbar für ..., weil ...

Welchen Menschen möchten Sie gedanklich oder persönlich danken, weil sie Sie unterstützt oder Ihnen geholfen haben?

Monatsbilanz – Reflexion

Für meine Wunscherfüllung waren folgende meiner eigenen Beiträge (Gedanken und Handlungen) nützlich:

Weniger nützlich dagegen waren folgende eigene Beiträge, die ich loslassen oder verändern möchte:

Ihre Wunschliste überdenken

Überprüfen Sie nun die Liste Ihrer Wünsche. Sind diese noch stimmig für Sie? Oder möchten Sie sie ergänzen oder umformulieren? Korrigieren Sie in diesem Fall Ihre Wunschliste in diesem Buch und passen Sie auch das entsprechende Bild an. Bleiben Sie aber auf jeden Fall bei Ihren nun veränderten Wünschen und befassen Sie sich weiter mit Ihnen. Sorgen Sie dafür, dass Sie im kommenden Monat Ihre veränderten Wünsche mehrmals am Tag lesen können. Tragen Sie sie immer bei sich, z.B. in Ihrer Geldbörse, in Ihrer Agenda oder in Ihrer Hosentasche. Sie können Ihre aufgeschriebenen Wünsche auch mit dem Handy fotografieren und als Hintergrundbild verwenden. Oder Sie setzen sich eine entsprechende Erinnerung in Outlook. Und denken Sie daran: Kraftvolle Wunschsätze sind mit positiven Worten als Endzustand formuliert, der sich bereits erfüllt hat und für den Sie dankbar sind.

Die Wunscherfüllung weiter begünstigen

Stellen Sie sich nun die Erfüllung Ihrer Wünsche so plastisch wie möglich vor und empfinden Sie echte Freude und Dankbarkeit dafür.

Was vom Nützlichen und Freudvollen im letzten Monat möchten Sie diesen Monat wiederholen oder sogar verstärken?

Was vom weniger Nützlichen möchten Sie in diesem Monat anders gestalten?

Bereiten Sie die erste Woche des kommenden Monats wie gewohnt vor.

In Kürze

Am Ende jedes Monats innehalten: dankbar sehen, was geglückt ist und was mir geschenkt wurde; reflektieren, welche meiner eigenen Beiträge nützlich waren und welche weniger; Unnützes loslassen; mir vornehmen, um welche Wünsche ich mich nun kümmern möchte.

5.5 Inspiration: Fülle und Reduktion

„Wer loslässt, hat zwei Hände frei.“

(Konfuzius)

Ist es besser, sich mit vielen seiner Wünsche zu befassen? Oder sollten wir uns nur auf einen oder wenige Wünsche und Ziele konzentrieren? Es geht um die Polarität von Fülle und Reduktion, von üppig oder sparsam, von viel oder wenig, von voll oder leer. Beides kann im Leben Platz haben, beides kann bereichern, beides belasten. Ein üppiger Blumenstrauß kann unsere Sinne ebenso erfreuen wie eine einzelne Blume. Ein reich dekoriertes Haus kann eine positive Wirkung auf uns haben, aber auch ein schmuckloser Raum, der uns einzig durch seine Architektur fasziniert. Mit einem prall gefüllten Terminkalender können wir uns zu Höchstleistungen aufschwingen, ebenso wie ein vollkommen ungeplanter Tag uns beglücken kann. Umgekehrt kann uns derselbe Terminkalender in das Gefühl des Ausgebranntseins katapultieren, ebenso wie der ereignislose Tag eines Arbeitslosen depressiv machen kann. Anhand dieser Beispiele erkennen wir, dass weder die Fülle noch die Leere als höher oder niedriger gewertet werden kann.

Bezogen auf die Wunscherfüllung dürfen wir diese Überlegungen als Einladung verstehen, immer wieder von neuem zwischen Fülle und Reduktion *abzuwägen*. Uns für nur einen oder mehrere Wünsche zu entscheiden, um die wir uns kümmern möchten. Oder auch einmal eine wunschfreie Zeit zu genießen. Es kann Zeiten geben, in denen uns das Leben bunte Fülle ermöglicht und wir zugleich mehrere Wünsche verfolgen können: Die erwünschte sportliche Aktivität gelingt, ebenso der berufliche Wunsch nach Beförderung, außerdem die verbesserte Beziehung zu den Eltern. Manchmal setzt eine Wunscherfüllung Energie für andere Lebensbereiche frei. Dies zu erleben kann sehr beglückend sein.

Es kann aber auch eine Zeit geben, in der wir uns ausschließlich auf *einen* Wunsch fokussieren möchten. Entweder weil dieser uns ganz besonders am Herzen liegt oder weil wir viel in die Wunscherfüllung investieren möchten. Das bewusste Setzen von Prioritäten und der damit verbundene Verzicht auf anderes können sehr befreiend wirken.

Und schließlich dürfen wir auch einmal *wunschfreie* respektive zielfreie Zeiten genießen und uns einfach so vom Strom der Zeit mittragen lassen. Es gibt von der schwedischen Schriftstellerin Astrid Lindgren ein sehr schönes Zitat, in dem dieser Zustand wie folgt beschrieben wird: „Und dann muss man ja auch noch Zeit haben, einfach dazusitzen und vor sich hinzuschauen.“ Diese Sehnsucht kann nach einer beladenen Zeit, in der wir sehr aktiv waren, in uns wach werden, und wir sollten nach Möglichkeit versuchen, uns das Bedürfnis nach einer Pause zu erfüllen.

Ob wir uns vielen Wünschen zugleich oder nur einem Wunsch widmen möchten oder uns dem absichtslosen Schauen hingeben wollen, ist manchmal nicht einfach zu entscheiden. Oft sind es auch äußere Umstände, die den Takt vorgeben. Und doch sind wir aufgefordert, eine Entscheidung für uns zu treffen, und es lohnt sich, sich die Natur des Entscheidens genauer anzusehen.

Bedingungslose und bedingte Entscheidungen

Der Schritt des Entscheidens ist der Beginn jeglicher Aktivität. Wenn wir unsicher sind, tendieren wir dazu, Entscheidungen hinauszuzögern. Warum fällt es uns häufig so schwer, zu entscheiden? Weil entscheiden bedeutet, eine Möglichkeit zu wählen, während man sich von anderen Möglichkeiten trennen muss. Eine Entscheidung für einen Wunsch oder ein Ziel ist also eine gedankliche Leistung, durch die ich zustimme, künftig in etwas Energie und Lebenszeit zu investieren. Erst durch eine getroffene Entscheidung sind wir in der Lage, unsere Aufmerksamkeit aktiv auf ein bestimmtes Ziel zu richten.

Wir können zwischen *bedingungslosen* und *bedingten* Entscheidungen unterscheiden. Eine saubere, bedingungslose Entscheidung kommt ohne irgendeine möglicherweise künftig eintreffende Bedingung aus: „Ich mache eine Weltreise." Nicht: „Ich mache eine Weltreise, wenn ich genug Geld gespart habe, unbezahlten Urlaub nehmen kann und die Kinder größer sind." Oder: „Ich schreibe ein Buch." Nicht: „Ich schreibe ein Buch, wenn ich etwas weniger zu tun habe." Oder: „Ich gründe eine Familie." Nicht: „Ich gründe eine Familie, wenn ich befördert wurde und das Haus fertig gebaut ist."

Bedingte Entscheidungen zerstreuen unsere Aufmerksamkeit und lenken unsere Gedanken auf die Bedingung und die heimlichen Ängste. Dies führt in der Folge zu Inkongruenz in unseren Handlungen und einer niedrigeren Wahrscheinlichkeit, dass wir uns unsere Wünsche erfüllen können. Es gibt viele Gründe, warum wir Entscheidungen als unangenehm erleben und diese dann aufschieben:

- Angst vor sozialer Ächtung, zum Beispiel davor, Beziehungen zu verlieren
- Angst vor den Konsequenzen
- Angst, „nein" zu sagen und andere zu enttäuschen

Bitte führen Sie sich vor Augen, dass alle Entscheidungen unter Unsicherheit getroffen werden. Die Konsequenzen einer Entscheidung sind nie vollständig vorhersehbar oder planbar. Auch ist es ein Irrtum zu glauben, dass sich eine Entscheidung negativ auf eine Beziehung auswirken wird. Wir sollten lernen, sorgfältig zu unterscheiden zwischen „gefallen wollen" und „einen Gefallen tun" im Sinne von „dienen". Angenommen, der notorisch überlastete Arbeitskollege fragt Sie: „Könntest du mir diese Arbeit abnehmen?" Wenn wir „ja" sagen, tun wir dies, um ihm zu gefallen. Wenn wir jedoch antworten: „Nein, aber ich begleite dich gerne zum Zeitmanagementkurs nächste Woche", dann tun wir ihm einen Gefallen respektive sind ihm dienlich, sein Problem wirklich anzupacken.

Häufig ist es die Angst, von wichtigen Bezugspersonen verstoßen zu werden, die uns von einer klaren Entscheidung abhält. Wir wollen lieber gefallen, anstatt zu dienen, obwohl Letzteres vielleicht möglich wäre und für alle Beteiligten einen Vorteil brächte. Kraftvolle, gesunde Entscheidungen sind keinesfalls einfach. Doch sie können helfen, unser Leben zu vereinfachen, um Raum zu schaffen, für neue Erfahrungen und Entwicklungen.

Entscheidungshilfen

In meiner Coachingpraxis arbeite ich gerne und mit großem Erfolg mit dem „Tetralemma" nach Elisabeth Ferrari, wenn ich bei Entscheidungsfindungen unterstützen soll. Diese Methode, die ich im Folgenden in etwas abgewandelter Form darstellen möchte, können Sie hervorragend für sich selbst anwenden, wenn Sie Schwierigkeiten haben, sich zwischen zwei oder mehreren Wünschen zu entscheiden. Ideal ist es, wenn Sie sich für diese Übung von einer vertrauten Person begleiten lassen.

- **Schritt 1:** Definieren Sie Ihre Wünsche, zwischen denen Sie sich entscheiden möchten.
- **Schritt 2:** Schneiden Sie für jeden Wunsch einen tellergroßen Papierkreis aus und beschriften jeden mit der entsprechenden Wunscherfüllung, z. B. „Mein Café im Dorfzentrum ist eröffnet" oder „Ich habe mein Arbeitspensum auf 60 Prozent reduziert" oder „Die Beziehung zu meiner Schwester hat sich verbessert" oder „Ich absolviere ein Auslandssemester in Irland". Es ist wichtig, dass Sie den Papierkreis mit dem *sich bereits erfüllten* Wunsch beschriften.
- **Schritt 3:** Legen Sie die Papierkreise auf den Boden, so, wie es für Sie stimmig ist. Lassen Sie sich von Ihrer Intuition leiten. Sie werden überrascht sein, wie schnell Sie den „richtigen" Platz erkennen.
- **Schritt 4:** Betreten Sie nun nacheinander, langsam und in Ihrem Tempo jeden Wunschkreis. Fühlen Sie ganz genau in sich hinein. Welche Gefühle tauchen auf, wenn Sie sich die Wunscherfüllung vorstellen? Wie fühlt sich Ihr Körper an? Welche Gedanken kommen? Beschreiben Sie hörbar, was in Ihnen vorgeht. Wandern

Sie zwischen den Wunschkreisen hin und her. Wo stellt sich die größte innere Freude über die Wunscherfüllung ein? Wo fühlt es sich richtig gut an?

- **Schritt 5:** Ihr Übungspartner sollte Ihnen gut zuhören, Sie genau beobachten und anschließend wiedergeben, was wahrgenommen wurde. Er oder sie sollte sich mit seiner eigenen Meinung zurückhalten und nur beschreiben, was gesehen und gehört wurde.

Nach dieser Übung sollten Sie ein besseres Gespür entwickelt haben, um welchen Wunsch es in Ihrem Leben aktuell geht und auf welchen Sie sich fokussieren möchten. Lassen Sie die Übung eine Zeit lang auf sich wirken und schlafen Sie vielleicht ein paar Nächte drüber, bevor Sie dann eine herzhafte, bedingungslose Entscheidung treffen können.

In Kürze

In sich hineinhören, ob sich unsere Wünsche eher um Fülle oder um Reduktion drehen. Ausprobieren, zu welchem Wunsch wir herzhaft stehen können.

5.6 Inspiration: Sich selbst und seinen Wünschen treu bleiben

„Um zu werden, wie man sein will, muss man erst sein wollen, wie man ist."

(Andreas Tenzer)

Wenn wir uns unsere Wünsche bewusst gemacht und aufgeschrieben haben, kann man das mit einer Reise vergleichen, die wir soeben angetreten haben. Als Sie den Entschluss gefasst haben, dass Sie sich einen bestimmten Wunsch erfüllen möchten, haben Sie eine Entscheidung getroffen. Sie haben sich für einen bestimmten Wunsch entschieden und zugleich auch gegen andere. Das ist der erste Schritt Ihrer Reise, ein bisschen vergleichbar mit dem ersten Schritt vor unsere Tür hinaus ins Freie. Man kommt nicht umhin, den ersten Schritt vor die Tür zu machen, damit die Reise beginnen kann. Das heißt auch, das Vertraute hinter sich zu lassen, die Sicherheit des Gewohnten, des Zuhauses. Was einen dort draußen erwartet, weiß man nicht so genau. Das macht manchen Menschen mehr Angst, den anderen weniger. Ein bisschen Angst gehört auf jeden Fall dazu und ist eigentlich eine gesunde Reaktion: Sie erinnert uns an unsere Ausstattung aus frühester Zeit, als wir nie sicher waren, ob nicht gleich ein hungriger Säbelzahntiger um die Ecke kommt. Heute ist sie nur genau genommen nicht mehr ganz so nötig wie vor vielen Tausend Jahren. Und doch können es diffuse Ängste oder Rückschläge sein, die uns schon kurze Zeit später, nachdem wir unsere Wunschreise angetreten haben, wieder umkehren lassen: Zurück ins Gewohnte, zurück ins Vertraute, auch wenn das Vertraute gar nicht mehr als so angenehm erlebt wird.

Als entscheidender Faktor der geglückten Wunscherfüllung hat sich für viele Menschen, mit denen ich sprechen durfte, immer wieder eine Wahrheit gezeigt: „Bleib dir selbst und deinen Wünschen treu." Dies sagte sowohl die selbständige Unternehmensberaterin, die ihren nicht ganz einfachen Weg vom Berufsleben als Angestellte hinein in die Unabhängigkeit beschrieb. Dies sagte die junge Hausfrau, die von ihrem Weg zu mehr Gelassenheit und Selbstvertrauen erzählte. Dies sagte der Künstler auf der stetigen Reise zu seinem ganz persönlichen Ausdruck in seinen Bildern. Dies sagte der Gymnasiast, der sich wünschte, ein guter Snowboarder zu sein – und es schaffte. Der Manager Mitte 40, der nach der Familienpause nochmals richtig durchstarten wollte. Der ehemals unsportliche Marathonläufer und schließlich der Geschäftsführer im letzten Drittel seiner beruflichen Karriere, der noch nicht zum „alten Eisen" dazugehören wollte.

Was brauchen wir, um uns selbst und unseren Wünschen treu zu bleiben? Damit uns Rückschläge, Ängste und Müdigkeit nicht von unserem Reiseziel abbringen? Von einem wichtigen Prinzip haben wir bereits gesprochen: der herzhaften Dankbarkeit für all das, was uns ausmacht, was wir geschenkt bekamen und was uns geglückt ist.

Ein zweites Prinzip ist die Selbstachtung, also das Einverstandensein mit sich selbst und seinen Wünschen. Unter Selbstachtung können wir einen Spiegel des Gesamturteils verstehen, das wir selbst über unsere Person fällen. Die Psychotherapeutin Melanie J. Fennel beschreibt in Ihrem Buch *Anleitung zur Selbstachtung. Lernen, sich selbst der beste Freund zu sein* (2005) dieses Grundgefühl wie folgt: „Ich bin ein guter Mensch, und alle anderen mögen mich." Menschen mit schwacher Selbstachtung dagegen sind der Überzeugung: „Ich bin schlecht, ich kann nichts." Wem es an Selbstachtung fehlt, muss nicht resignieren. Denn Selbstachtung ist keine festgeschriebene, unveränderbare Größe. Zwar wurde sie früh in unserem Leben geprägt und beeinflusst, ist aber zu jeder Zeit formbar und in die gewünschte Richtung veränderbar. Selbstachtung besteht aus drei Zutaten, die wir mit etwas Übung selbst beeinflussen können:
1. Selbstliebe,
2. Sicht auf das eigene Ich und
3. Selbstvertrauen.

Die Selbstliebe ist wohl das stärkste Element. Dabei geht es darum, sich selbst die Treue zu halten, egal was passiert, unabhängig von den eigenen Leistungen.

Bei der Sicht auf das eigene Ich geht es um die persönliche Bewertung der eigenen Stärken und Schwächen. Dabei kommt es nicht auf Wahrhaftigkeit an, sondern auf die inneren Überzeugungen.

Und schließlich das Selbstvertrauen: Wer zu sich selbst Vertrauen hat, weiß, dass er aus eigener Kraft handeln und die Kontrolle über schwierige Situationen gewinnen kann.

Wenn Sie im Zusammenhang mit Ihrer Wunscherfüllung Ihre Selbstachtung stärken möchten, empfiehlt sich folgende kraftvolle Übung. Es geht darum, seine Gedanken und inneren Selbstgespräche auf gesunde Selbstachtung zu programmieren.

Formulieren Sie sich ein paar wenige kurze Sätze, die Sie sich als Affirmation, also als eine Art innere Bekräftigung, immer wieder innerlich abrufen können. Sie können Ihre Affirmation auch aufschreiben oder sogar ansprechend gestalten. Verbringen Sie mehrmals am Tag einige bewusste Augenblicke mit Ihrer Affirmation, indem Sie sie still rezitieren, ansehen oder laut lesen. Vielleicht lassen Sie sich vom nachfolgenden Beispiel inspirieren.

Kraftstoff für meine Selbstachtung und meine Wunscherfüllung:

- *Ich mag mich mit allem, was mich ausmacht.*
- *Ich mag meinen Wunsch, denn er gehört zu mir.*
- *Ich stehe zu mir und zu meinem Wunsch.*
- *Ich bin auf gutem Weg.*

Wenn wir uns mögen und uns selbst die Anerkennung geben, die wir verdienen, wird sich das auf unsere Wunscherfüllung positiv auswirken. Dabei geht es nicht um einen übertriebenen Stolz über die eigene Großartigkeit, die öffentlich zur Schau gestellt wird. Gesunde Selbstachtung kann durchaus bescheiden sein und im Stillen stattfinden. Wichtig ist es, sich in seiner Ganzheit und Vielfalt mit allen Ecken und Kanten anzunehmen, ohne sich ständig mit Freundinnen, Kollegen oder Nachbarn zu vergleichen. Dazu gehört vor allem, sich an seinen Sonnenseiten zu erfreuen, aber auch, sich selbst seine Schwächen und Misserfolge zu verzeihen. Es nützt nichts, sich bei Niederlagen auch noch obendrauf selbst hierfür anzuklagen und seine Wunschreise vorzeitig abzubrechen. Besonnenheit und Mut zur wohlwollenden Selbstreflexion können helfen, es das nächste Mal besser zu machen. Dies aber stets aus einer wohlwollenden, dankbaren inneren Haltung heraus. So, als ob Sie sich selbst der beste Freund, die beste Freundin sind und sich heiter ins Ohr flüstern: „Hey, du bist voll in Ordnung und ich mag dich!“

In Kürze

Energiequelle für die Wunscherfüllung: der wohlwollende Glaube an sich selbst. Sich in seinem Fühlen, Denken und Tun treu bleiben.

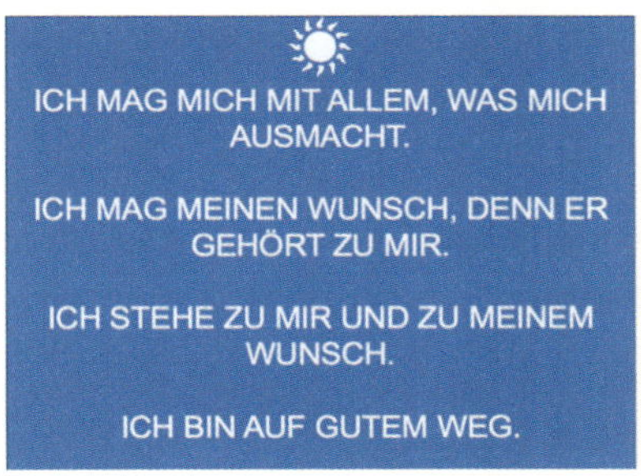

5.7 Inspiration: Wie man Wunscherfüllung anbahnt

„Jeder erfindet irgendwann eine Geschichte, die er für sein Leben hält."

(Max Frisch)

Jeder von uns kennt das: Bilder, Musik, Gerüche oder Worte lösen in uns ganz bestimmte Stimmungen aus. Zum Beispiel fühlen sich die meisten bei schönem Wetter besser als an einem grauen Regentag. Der Duft von frisch gebackenem Brot löst Appetit und ein Gefühl von Wärme aus. Wenn uns jemand herzlich anlächelt, fühlen wir uns gut. Musik, ob rhythmisch oder romantisch, bringt uns in ganz unterschiedliche Stimmungen. Warum ist das so? Und wie können wir das Ganze für uns nutzen?

Es handelt sich hier um den Priming-Effekt. Priming (*to prime* = engl. für „fördern") findet im Gehirn statt. Dabei beeinflusst ein von außen kommender Reiz unser weiteres Denken und Handeln. Dieser Reiz kann alles sein, z. B. Worte, Bilder, Gerüche, Gesten, Verhalten oder Musik. Das eigentliche Priming findet statt, da unser Gehirn bei der Wahrnehmung eines Reizes Gedächtnisinhalte aktiviert, die zu diesem Reiz passen. Es sucht assoziativ passende Inhalte. Das macht es deswegen, weil Teile unseres Gehirns eher bequem sind und assoziative Inhalte schneller und einfacher verfügbar sind.

Um das Ganze bildlich zu machen, stellen Sie sich ein edel eingerichtetes Restaurant vor: blütenweiße Tischdecken, Silberbesteck, Kerzenschein und edles Holz. Schon jetzt ist man auf Luxus geprimt. Man erwartet ein erstklassiges Essen, eine exquisite Weinauswahl und ist darauf vorbereitet, eine entsprechende Rechnung zu begleichen. Wäre es nicht irritierend, auf der Menükarte die Bratwurst-Combo mit Bier für 5.90 Euro vorzufinden? Ganz ähnlich verhält es sich in anderen Situationen. Kommt ein Reiz von außen, geht im Gehirn die Tür zum assoziativ passenden Raum auf. Alle Dinge, die man damit verbindet, werden aktiviert und ins Gedächtnis gerufen. Dabei ist das Priming keinesfalls ein bewusster Vorgang. Alles das passiert unterbewusst.

Der Effekt kann sogar Auswirkungen auf unser Verhalten haben. Ein bekanntes Beispiel dafür ist der Florida-Effekt.

Der Florida-Effekt geht auf ein Experiment des Sozialpsychologen John Bargh aus dem Jahr 1996 zurück. Er ließ seine Versuchspersonen zunächst Sätze aus Wörtern bilden, die mit dem Alter assoziiert werden, z. B. „grau", „Falte", „vergesslich", „Glatze", „Florida", der bevorzugten Reisedestination amerikanischer Senioren. Danach mussten die Probanden durch einen Gang in einen anderen Raum gehen. Hierbei wurde die Laufgeschwindigkeit der Versuchspersonen gemessen. Ergebnis: Die Studienteilnehmer, die sich vorher mit dem Thema „Alter" beschäftigt hatten, gingen in der Regel deutlich langsamer als andere Studienteilnehmer, die mit neutralen Wörtern Sätze gebildet hatten. Bargh führte dieses langsamere Gehen auf Priming zurück, wonach man durch subtile Beeinflussungen wie stimmungserzeugende Wörter implizite Gedächtnisinhalte aktivieren kann, die das Verhalten beeinflussen.

Dieses Beeinflussen des Verhaltens nennt man ideomotorischen Effekt und er funktioniert auch andersherum: Bewegt man sich wie ein alter Mensch, fällt es einem leichter, Begriffe zu erkennen oder Dinge wahrzunehmen, die man selbst damit assoziiert.

Wie kann man nun diesen Effekt für sich und seine Wünsche nutzen?

Überlegen Sie, was zu Ihrer Wunscherfüllung assoziativ zusammenpasst und wie Sie die gewünschten Inhalte aktivieren können.

Das Ganze möchte ich hier am Beispiel „glücklich und zufrieden sein" deutlich machen. Bei den meisten Menschen ist es so, dass sie lächeln, sobald sie glücklich oder zufrieden sind. Beachtet man jetzt die Tatsache, dass der ideomotorische Effekt in zwei Richtungen funktioniert, reicht ein Lächeln aus, um im Gehirn assoziative Inhalte zu aktivieren. Das funktioniert auch wunderbar andersherum. Denkt man an Dinge, die uns glücklich machen, fängt man automatisch an zu lächeln und fühlt sich gut. Es hält zwar nicht für Stunden an, aber meiner Erfahrung nach ist der Effekt deutlich spürbar.

Wenn Sie beispielsweise den Schreibtisch voller unerledigter Pendenzen haben, können Sie einmal Folgendes ausprobieren: Bewegen Sie sich schweren Schrittes zu Ihrem Schreibtisch, lassen Sie sich von der Last der Arbeit beschwert auf Ihren Stuhl fallen, nehmen Sie eine gebeugte Sitzhaltung ein und stützen Sie sorgenvoll den Kopf in Ihre Hände. Oder Sie gehen leichten Schrittes, zielstrebig und dynamisch auf Ihren Arbeitsplatz zu, nehmen beschwingt Platz, drehen sich gut gelaunt noch einmal mit Ihrem Bürostuhl um die eigene Achse, nehmen eine aufrechte Haltung ein und reiben tatkräftig die Hände, bevor Sie beginnen. Der Unterschied, in welcher Verfassung Sie Ihre Arbeit beginnen, ist bemerkenswert.

Hier noch zwei weitere einfache Alltagstipps aus der Priming-Welt: Wenn Sie eine kreative oder komplexe Leistung erbringen möchten, empfiehlt es sich, die Farben Blau oder Grün im Blickfeld zu haben. Wenn Sie auf Ideen- oder Lösungssuche sind, hilft es, sich eine Liste mit verwandten Wörtern zum Thema zu erstellen. Ihre Gedanken werden sofort beginnen zu fließen. Probieren Sie es einmal aus.

Mit diesem Wissen können wir unsere Wunscherfüllung nun selbständig anbahnen:

Ein Beispiel: Ein Schüler, Leonard, wünscht sich, den nächsten Französischtest gut zu bestehen. Er stellt sich Folgendes vor:

- Wenn dieser Wunsch erfüllt ist, sehe ich das Wort „bravo“ auf meinem Prüfungsblatt.
- Ich höre die Worte: „Gut gemacht, Leo!“
- Diese Wunscherfüllung klingt nach: „We are the champions“ von Queen.
- Wenn dieser Wunsch erfüllt ist, fühle ich mich richtig glücklich.
- Wenn dieser Wunsch erfüllt ist, zeigt sich auf meinem Gesicht ein breites Lächeln.

Die Bahnung meines Wunsches

Mein Wunsch:

____

Stellen Sie sich vor: Wenn dieser Wunsch erfüllt ist,

- sehe ich

  ____

- höre ich

  ____

- rieche ich

  ____

- fühle ich mich wie

  ____

- bewege ich mich wie

  ____

- tue ich

  ____

Primen Sie sich mit dieser Methode heute mehrmals auf Ihre Wunscherfüllung: Denken Sie sich Worte aus, die zur Wunscherfüllung passen. Suchen Sie ein Bild, das zu dem passt, was Sie sich wünschen. Hören Sie eine Musik, die zu Ihrer Wunscherfüllung passt. Oder genießen Sie einen entsprechenden Duft. Lassen Sie das Wunscherfüllungsgefühl in Ihnen aufsteigen. Oder bewegen Sie sich so, als ob der Wunsch schon erfüllt wäre. Oder tun Sie etwas ganz Konkretes, das Sie tun würden, wenn der Wunsch erfüllt wäre.

Gedankenexperiment

Hier noch ein kleines Priming-Experiment zum Abschluss der Inspiration:

Bitte denken Sie an den Duft frisch aufgebrühten Kaffees am Morgen.

Ergänzen Sie nun das folgende Wort: **B_OT**.

Bitte denken Sie nun an Sommerferien am blauen Meer.

Ergänzen Sie nun das folgende Wort: **B_OT**.

Ob Ihnen nun zunächst das Wort „Brot“ oder das Wort „Boot“ in den Sinn kam, hing maßgeblich davon ab, an was Sie kurz davor gedacht haben, auf was Sie *geprimt* waren. Nutzen wir also das Wissen um den Priming-Effekt. Wir können uns bewusst im Strom konstanter Reize, die sowieso täglich auf uns einwirken, mit gut ausgewählten unterstützenden Reizen auf unsere Wunscherfüllung primen.

In Kürze

Die Wunscherfüllung anbahnen: achtsam und bewusst sehen, hören, fühlen, sich bewegen, sitzen, sich kleiden – einfach mal so sein, wie es unserem Wunsch entsprechen würde.

5.8 Inspiration: Wie man sich selbst auf gute Ergebnisse programmiert

„Was sich der Geist vorstellen kann, kann er auch schaffen."

(Clement Stone)

Für alles, was wir täglich tun, wünschen wir uns gute Ergebnisse. Für die Wünsche, die Sie notiert haben, aber auch für Routineaufgaben. Vor größeren Herausforderungen, z. B. bei wichtigen Sitzungen, einer Prüfung oder einem schwierigen Gespräch, entstehen häufig Gedanken wie: „Hoffentlich geht das gut." Solche Gedanken zeigen, dass wir auf einen guten Ausgang *hoffen*, uns unserer Sache aber nicht sicher sind. Wir wägen die Risiken ab und bereiten uns auf Stolpersteine vor. Möglicherweise stellen wir uns auf ein mittelmäßiges Ergebnis ein, damit wir am Ende nicht enttäuscht sind.

Der Unterschied zwischen *hoffen* und *wissen* hat einen immensen Einfluss auf unsere nachfolgenden Handlungen. Hierzu ein Beispiel: Stellen Sie sich vor, Sie gehen aus dem Haus und wissen nicht mehr, dass die Schwerkraft Sie heute am Boden halten wird. Sie hoffen es nur, sind sich aber nicht sicher. In Folge dessen fühlen Sie sich unsicher und werden den gesamten Tag damit verbringen, sich abzusichern. Sie werden alles tun, damit Sie im Fall der Gefahr, plötzlich in den Weltraum zu entschweben, gut gewappnet sind. Ein latentes Gefühl der Unsicherheit bestimmt Ihr Denken und Handeln. Wenn Sie dagegen wissen, dass Sie sich auf die Schwerkraft verlassen können, werden Sie Ihr Haus anders eingestellt verlassen. Sie fühlen sich sicher, getragen und können die vor Ihnen stehenden Aufgaben anpacken.

Durch das mentale Einüben von Gewissheit und Dankbarkeit darüber, dass Sie gute Ergebnisse erzielen werden, programmiert man sich auf gute Ergebnisse, da Denken, Fühlen und Handeln darauf ausgerichtet sind. Es geht bei dieser Gewissheit darum, Sicherheit durch Wissen zu empfinden, bevor man etwas tut. Die mentale Vorstellung eines guten Ergebnisses, noch bevor man selbst aktiv ist, hat erstaunliche Effekte: Indem man sich ein gutes Ergebnis vorstellt und Dankbarkeit hierfür empfindet, produziert unser Gehirn zugleich Wege und Möglichkeiten, wie man dort hingelangt. Man wird kreativer und offener. Als positiver Nebeneffekt hebt sich vor und während der Aktivität die Stimmung. Man fühlt sich gut, gestärkt und fähig, das Ergebnis zu erreichen.

Mentale Gewissheit über gute Ergebnisse kann man auch in unerwarteten schwierigen Situationen praktizieren, z. B. in der unerwarteten Wendung in einer geschäftlichen Verhandlung, in der spontanen Begegnung mit einem uns nicht wohlgesonnenen

Menschen, im unerwarteten Stau oder im Angesicht des verpassten Zugs. Negative Gedanken, voreilige Schlüsse und Befürchtungen können in solchen Situationen unser Denken bestimmen. Eine Stressreaktion wird ausgelöst und erschwert konstruktives Denken. Wenn man die negativen Gedanken durch den mentalen Satz „Ich bin überzeugt und dankbar dafür, dass ich ein gutes Ergebnis erreichen werde" ablöst, hat das unmittelbar Auswirkungen auf das nachfolgende Geschehen. Außerdem fühlt man sich besser, was die ideale Basis für kreatives und konstruktives Denken ist.

Die Gewissheit über gute Ergebnisse und Dankbarkeit schützen davor, das auszulösen, was man nicht will und eigentlich vermeiden wollte, nämlich ungünstige Ergebnisse.

Hier eine Übung, um die Kraft der Gewissheit über gute Ergebnisse zu trainieren:

1. Wählen Sie am Morgen drei oder mehr verschiedene Situationen aus, die Ihnen wichtig sind und für die Sie sich ein gutes Ergebnis wünschen (banale Alltagssituationen, wie z. B. die Fahrt zur Arbeit, oder auch wichtige Dinge, wie z. B. das Bewerbungsgespräch). Vielleicht haben diese drei Situationen mit Ihrer Wunscherfüllung zu tun.

2. Stellen Sie sich den guten Ausgang dieser drei Situationen vor. Empfinden Sie so intensiv, wie Sie nur können, Gewissheit und Dankbarkeit für ein gutes Ergebnis. Notieren Sie die drei oder mehr Situationen so, als wären sie bereits geschehen:
   - „Danke für den guten Ausgang von ..."
   - „Ich wusste, dass ... super laufen wird. Danke dafür."

3. Nehmen Sie sich außerdem vor, bei unerwarteten, vielleicht schwierigen Situationen heute bewusst ein gutes Ergebnis zu imaginieren, noch bevor Sie reagieren. Wiederholen Sie innerlich den Satz: „Ich weiß, dass ich ein gutes Ergebnis erreichen werden."

4. Ziehen Sie am Abend Bilanz von Ihrem Tag. Was war anders, dank Ihres bewussten Denkens? Was lief besser? Wie hat dieses Denken Sie Ihren Wünschen näher gebracht? Wie sind Sie dank dieses Denkens mit Rückschlägen umgegangen?

Wiederholen Sie diese Übung mehrere Tage hintereinander.

In Kürze

Mit Gewissheit, Vertrauen in uns selbst und Dankbarkeit können wir gute Ergebnisse begünstigen.

5.9 Inspiration: So tun, als ob

„Wir sehen die Dinge nicht, wie sie sind. Wir sehen sie, wie wir sind.“

(Anaïs Nin)

Das, was wir konsequent immer wieder machen, wird leichter – nicht, weil sich die Natur der Aufgabe geändert hätte, sondern weil unsere Fähigkeit, die Aufgabe zu schaffen, gewachsen ist. Die Möglichkeiten, sich selbst seinen Wünschen näher zu bringen, sind deshalb größer, als viele meinen. Jeder kann zumindest zeitweise über sich hinauswachsen, die Grenzen des eigenen Ichs sprengen. „Ich bin nun einmal so, wie ich bin, und kann nicht anders.“ Dieser Satz gerät damit zur bequemen Ausrede. Es ist zwar nicht zu leugnen, dass die Welt sich immer schneller wandelt. Daraus resultiert der Zwang, ständig dranzubleiben und sich weiterzuentwickeln. Aber das Unfertige in uns muss kein Mangel sein, sondern eine Chance. Es steckt immer eine Möglichkeit darin.

Welche Möglichkeiten das sein können, hat die Harvard-Psychologin Ellen Langer eindrucksvoll 1979 in einer Studie gezeigt. Sie schickte eine Gruppe von Männern um die 80 für eine Woche auf eine Art Zeitreise in ein abgeschiedenes Wohnhaus. Alles war eingerichtet wie 20 Jahre zuvor, es gab sogar Musik wie vor 20 Jahren, Zeitungen, das Fernsehprogramm und Kleidung. Vor allem aber durften die Männer nicht in der Vergangenheitsform über sich sprechen und nichts erwähnen, was nach 1959 stattgefunden hatte. Ihre Aufgabe war es, so zu tun, als ob sie im Jahr 1959 lebten. Die Verwandlung war absolut verblüffend: Die zu Beginn hilfsbedürftigen Männer kamen plötzlich wieder allein zurecht. Ihr Gehör, ihr Gedächtnis und ihre geistige Flexibilität verbesserten sich, der Blutdruck sank. Messungen an den Handwurzelknochen ergaben, dass diese stärker geworden waren. Nur so zu tun, als wären sie jünger, war für die Probanden ein wahrhafter Jungbrunnen.

So tun, als ob, funktioniert in vielen Situationen und kann bei der Wunscherfüllung gute Dienste leisten. Wer glücklicher werden will, sollte sich benehmen, als wäre er schon froh und sollte möglichst viel lächeln, das hebt die Stimmung. Wer selbstbewusster werden möchte, kann sich zum Beispiel lässig im Stuhl zurücklehnen und die Hände hinter dem Kopf falten. Voraussetzung dafür, dass dieses Aus-der-Rolle-Fallen jedoch nicht enorm anstrengend wird, ist, dass es dazu dient, einem Herzenswunsch näher zu kommen. Etwas, was uns von innen heraus bewegt. Das Streben nach dem Zustand dieser inneren Stimmigkeit gilt als einer der stärksten Antreiber im Leben. In Kurzform heißt das: Herzenswunsch bewusst machen und so tun, als ob dieser schon erfüllt sei. Wenn Sie die So-tun-als-ob-Methode ausprobieren möchten, können Sie Folgendes tun:

1. Vergegenwärtigen Sie sich Ihren Herzenswunsch. Stellen Sie sich dann in allen Einzelheiten vor, wie es wäre, wenn dieser Wunsch erfüllt wäre:
   - Was würden Sie genau tun?
   - Wie würden Sie sich bewegen?
   - Wie wäre Ihre Körperhaltung?
   - Was würden Sie anziehen?
   - Über was würden Sie sprechen und in welchem Tonfall?
   - Wie würden Sie sich fühlen?
   - Welche Menschen würden Sie treffen?
   - Welche Musik würden Sie hören?
2. Tun Sie dann einen Tag so, als ob sich Ihr Wunsch bereits erfüllt hätte.
3. Vergleichen Sie am Abend die Unterschiede zwischen vorher und nachher. Was hat Sie Ihrem Wunsch näher gebracht? Was hat Ihnen gutgetan? Wo konnten Sie neue Dimensionen bei sich selbst entdecken?

In Kürze

Wenn wir *so tun, als ob,* fühlt es sich an, als hätte sich unser Wunsch bereits erfüllt. Neue Wege zur Wunscherfüllung zeigen sich. Und das gibt neuen Schwung.

5.10 Inspiration: Den Körper zur Wunscherfüllung nutzen

„So wie man geht, so geht es einem."

(Gunther Schmidt)

So schreibt der Pionier der hypnosystemischen Beratung Dr. Gunther Schmidt und empfiehlt besonders den Kopfmenschen unter uns die gelegentliche Wiedervereinigung zwischen Körper und Geist. Seiner ansteckenden Innovationsfreude und Begeisterung ist diese Inspiration zu verdanken, in der es darum geht, den eigenen Körper zur Wunscherfüllung zu nutzen. Die Ideen in diesem Kapitel sind vielfach praxiserprobt und mit minimalstem Aufwand und dabei großer Wirkung umsetzbar.

Unser Körper ist uns wichtig. Wir pflegen ihn, ernähren ihn gesund, stählen ihn beim Sport und tun vieles, um den Alterungsprozess zu verlangsamen. Wenig bekannt ist jedoch, wie der Körper unser Erleben und Befinden beeinflusst oder umgekehrt, wie stark unser Seelenzustand das Körpergefühl steuert. Zahlreiche wissenschaftliche Experimente zeigen diese Wechselwirkung zwischen Psyche und Körper.

Wenn wir diese besser verstehen, können wir unseren Körper und insbesondere die Körperhaltung bewusst für die Wunscherfüllung nutzen. Dies beschreiben auch Maja Storch, Benita Cantieni, Gerald Hüther und Wolfgang Tschacher in ihrem aufschlussreichen Buch *Embodiment. Die Wechselwirkung von Körper und Psyche verstehen und nutzen* (2006). Um den Zusammenhang zwischen Körperhaltung und Emotion experimentell zu untersuchen, führten zum Beispiel John Riskind und Carolyn Gotay ein trickreiches Experiment durch: Ihren Versuchspersonen wurde offiziell mitgeteilt, dass sie an einer Untersuchung zum räumlichen Denken teilnehmen würden. Mit ihnen wurde von einem der Testleiter auch ein entsprechender Test durchgeführt. Als die Teilnehmer auf ihr Testergebnis warteten, wurden sie von einem zweiten Testleiter angefragt, ob sie während der Wartezeit kurz für eine kleine andere Untersuchung einspringen könnten, die sich auf den Zusammenhang zwischen Muskelreaktion und Hautleitfähigkeit beziehe.

Wer sich in dieser Hinsicht hilfsbereit zeigte, fand sich alsbald in einem anderen Untersuchungsraum wieder, und zwar in sitzender Haltung, im Nacken und an den Handgelenken mit verschiedenen Elektroden verkabelt, die mit diversen beeindruckenden Maschinen verbunden waren. Die Versuchsleitung behauptete, man benötige jetzt äußerst exakte Messungen über die Muskelaktivität. Dazu müssten die Versuchsteilnehmer leider für eine Weile in einer bestimmten Körperhaltung bleiben. Tatsächlich verharrten nun die Versuchspersonen unter Aufsicht acht Minuten in der vorgegebenen Körperhaltung. Zwei Arten von Körperhaltungen wurden dabei vorgegeben: Gruppe 1 saß gekrümmt, Gruppe 2 aufrecht. Als die acht Minuten vorbei waren, bedankte sich der Testleiter und schickte die Versuchspersonen wieder in den ersten Raum zurück. Dort erwartete sie auch schon der erste Versuchsleiter, um mit ihnen einen weiteren „Test" zum räumlichen Denken durchzuführen, der diesmal aus unlösbaren geometrischen Puzzles bestand.

Jetzt wurde das gemessen, was Riskind und Gotay eigentlich interessierte, nämlich ob das Durchhaltevermögen bei einer frustrierenden Aufgabe abhängig war von der vorher eingenommenen Körperhaltung. Gemessen wurde, wie viele Puzzleteilchen die Versuchspersonen von einem Stapel nahmen, bis sie frustriert waren und die Arbeit an einem Stapel beendeten und zum nächsten Puzzle übergingen. Das Ergebnis war eindeutig: Gruppe 1, die acht Minuten lang „gekrümmt worden war", bearbeitete im Schnitt 10,78 Teilchen, Gruppe 2, die vorher aufrecht gesessen hatte, hielt hingegen deutlich länger durch und schaffte 17,11 Teilchen.

Riskind und Gotay interpretieren dieses Ergebnis so: Durch die gekrümmte Körperhaltung wurden bei den Teilnehmern der Gruppe 1 Themen wie Depression, Aufgeben, Mutlosigkeit aktiviert. Und dies bewirkte eine kognitive Voreinstellung, die in einer schwierigen Situation schneller zu Mutlosigkeit mit entsprechenden Verhaltenskonsequenzen führte.

Durch gezielten Einsatz unserer Skelettmuskulatur, die der willentlichen Kontrolle gut zugänglich ist, können wir also unsere Emotionen beeinflussen, welche der willentlichen Kontrolle normalerweise nur bedingt zugänglich sind.

Viele Erkenntnisse aus diesem und weiteren Experimenten können durchaus auf den Alltag übertragen werden. Gunther Schmidt schreibt hierzu: „Die Fokussierung auf intuitive Stimmigkeit kann hervorragend verbunden werden, mit Interventionen, die dem Körper und die Körperkoordination einbeziehen." Das heißt übersetzt auf die Wunscherfüllung: Wenn wir mit unserer Körpersprache (Mimik, Haltung und Bewegungen) das ausdrücken, was wir uns von Herzen wünschen, wird es uns leichter fallen, uns gemäß unserem Wunsch zu verhalten.

Sie wollen z. B. eine unerwünschte psychische Stimmung oder Verfassung in Bezug auf Ihre Wunscherfüllung mit Hilfe des Körpers loswerden?

Wann immer Sie bei sich bemerken, dass Sie kurz davor sind, in Bezug auf Ihre Wunscherfüllung aufzugeben, sei es beim Lernen für eine Prüfung, bei einem komplexen fachlichen Problem, bei einem schwierigen Gespräch, oder wann immer Sie das Gefühl haben, in Stress zu geraten: Achten Sie auf die Körperhaltung. Denken Sie an die gekrümmten Studenten! Vielleicht wollen Sie gar nicht aufgeben, weil die Aufgabe zu schwierig für Sie ist. Vielleicht ist Ihre Mutlosigkeit selbst gemacht, und zwar durch Körperkrümmung zum falschen Zeitpunkt.

Formulieren Sie deshalb Ihren Wunsch positiv. Sagen Sie *nicht,* was Sie nicht wollen, sondern fassen Sie in Worte, was Sie sich wünschen:

In welcher Verfassung möchten Sie denn sein?

- Wollen Sie angesichts der täglichen neuen Projekte im Geschäft flexibel sein in den Wogen der neuen Anforderungen?
- Wollen Sie souverän sein oder selbstbewusst?
- Wollen Sie ruhig sein oder doch lieber in sich ruhend?
- Wollen Sie wach und offen sein?
- Oder lieber auf sich selbst konzentriert?
- Wollen Sie charmant und hinreißend sein?
- Oder eher kompetent, glaubwürdig und ernst?

Wenn Sie Ihren Wunsch formuliert haben, dann wissen Sie, dass Sie so geschickt und zugleich fest verankert auf Ihrem Surfbrett stehen wollen wie ein Surfer auf Hawaii. Oder dass Sie ruhig und erhaben stehen wollen wie ein Berg. Oder dass Sie den Überblick haben möchten wie ein Mensch, der auf einem Leuchtturm steht und über das brausende Meer blickt. Oder dass Sie souverän auftreten wollen wie eine Königin. Vielleicht möchten Sie aber auch lieber gut gepanzert sein wie eine Schildkröte? Oder ist für die Situation, die Sie persönlich stresst, eine dicke Elefantenhaut die bessere Wahl?

Jedes dieser Bilder bringt unterschiedliche Körperhaltungen mit sich. Das Bild des Surfers könnte uns helfen, im Angesicht immer neuer Aufgaben am Arbeitsplatz eine kraftvolle und flexible Haltung einzunehmen – bereit für die nächste Welle. Das Bergbild könnte uns zum Beispiel dazu veranlassen, unseren Stand zu stabilisieren und die Füße etwas breiter zu stellen. Das Leuchtturmbild bringt unseren Körper dazu, die Atmung zu ändern und den Brustkorb weit zu machen. Die Königin hält den Kopf sehr würdig und den Rücken gerade. Die Schildkröte zieht sich in sich zurück, dies bringt bei mir eine tiefe Bauchatmung hervor. Der Elefant löst vielleicht das Bild aus, sich zurückzulehnen und die Arme vor der Brust zu verschränken.

Wenn man den Körper bislang wenig bewusst zur Wunscherfüllung genutzt hat, wird es möglicherweise eine Weile dauern, bis man die einzelnen Komponenten erspüren und benennen kann. Aber jeder Mensch kann es lernen. Denn diese Begabung ist in jedem menschlichen Körper angelegt und steht uns in jedem Augenblick zur Verfügung. Gunther Schmidt schreibt hierzu: „Obwohl es sich zunächst nur um ein So-tun-als-ob handelt: Wenn man während einer [schwierigen Situation] die als zieldienlich erlebte Körperkoordination einnimmt, bewirkt sie nach einer relativ kurzen Zeit meist schon eine tatsächlich schon sehr zieldienliche Umschaltung."

Hier einige Beispiele von gelungener Wunscherfüllung mit Hilfe des Körpers:

- Die unsichere, junge Teamkollegin nahm die Berghaltung ein und meisterte ihren ersten Vortrag in der Öffentlichkeit mit Bravour.
- Der hyperaktive, aber mäßig erfolgreiche Geschäftsmann nahm bei Sitzungen eine souveräne, leicht zurückgelehnte CEO-Haltung ein und verschaffte sich mehr Respekt und Anerkennung.
- Die zeitweise überforderte Mutter zweier Kleinkinder dachte an die gut gepanzerte Schildkröte und übte sich in beruhigender Bauchatmung.
- Der im Winter melancholische Student blickte beim Gang zur Uni bewusst nicht gebeugt zum Boden, sondern straffte den Rücken, beschleunigte seinen Gang und hob den Kopf Richtung Himmel – sofort verbesserte sich seine Stimmung.

In Kürze

Unseren Wunsch positiv formulieren und ihn dann mit verschiedenen Körperhaltungen, Bewegungen, Gestik und Mimik verkörpern.

5.11 Inspiration: Wie man einen Elefanten verspeist

„Alles Fertige wird angestaunt, alles Werdende wird unterschätzt."

(Friedrich Nietzsche)

Sie können sich die Antwort vorstellen: Stück für Stück. Die einzelnen Elefantensteaks sind vakuumiert in Kühl- und Gefrierschrank gelagert. Und das Rezeptbuch „1001 Idee aus der Elefantenküche" liegt bereit. Und irgendwann wird auch das letzte Steak verzehrt sein. Vorausgesetzt, der Wunsch, den Elefanten vollständig zu essen, war tatsächlich unser Herzenswunsch.

An diesem bekannten Beispiel werden fünf Dinge deutlich:

1. Wofür den Elefanten essen

Wenn Sie Ihren Wunsch nicht aus vollem Herzen erfüllt sehen wollen, werden Sie schon nach den ersten Schritten aufgeben. *Wofür* sollte ich mir antun, einen Elefanten zu essen? Deshalb: Machen Sie sich bewusst, *wofür* Sie die Erfüllung Ihres Wunsches möchten.

Ein Mann, Ende 50, rafft sich auf, sich für den Berlin-Marathon vorzubereiten. Er ist mäßig trainiert, hat demnach einen langen Weg vor sich. Auf die Frage, wofür er die Erfüllung seines Wunsches anstrebt, erzählt er von dem unglaublichen Glücksgefühl, als er diese Leistung vor vielen Jahren schon einmal schaffte. Er wollte exakt dieses Gefühl wieder erleben. Sich intensiv vorzustellen, wie er am Ende durchs Brandenburger Tor läuft, glücklich und dankbar, diese Leistung wieder vollbracht zu haben, beflügelte ihn bei seinem monatelangen Trainingsprogramm.

2. Elefanten lassen sich nur Stück für Stück verzehren

Große Wünsche, Aufgaben und Anforderungen lassen sich am besten bewältigen, wenn wir sie in handliche Einzelschritte aufteilen. Nur wenn wir uns auf das konzentrieren, was gerade ansteht, kommen wir in Aktion. Und sei der Schritt auch noch so klein. Die Bewältigung eines einzelnen kleinen Schrittes macht glücklich und Lust auf den nächsten.

Ein Mann mittleren Alters war zum zweiten Mal innerhalb kurzer Zeit arbeitslos geworden und verfiel in Passivität. Einen neuen Job zu finden, kam ihm wie ein unbezwingbarer Berg vor. Er stellte sich intensiv vor, wie es wäre, den Berg erklommen zu haben: das Ende der Probezeit an seinem neuen Arbeitsplatz. Er stellte sich diesen

Tag in allen Details vor bis hin zu der Kleidung, die er tragen würde. Diese Vorstellung inspirierte ihn zu seinem ersten kleinen Schritt: Er putzte ausgiebig und mit Hingabe seine Lieblingsschuhe, die er an diesem Tag tragen wollte. Er platzierte sie so, dass er sie täglich sehen konnte. Wenig später wurde er zum ersten Bewerbungsgespräch eigeladen.

Eine Frau wollte die Beziehung zu ihrer erwachsenen Tochter verbessern. Seit Jahren wartete sie vergeblich darauf, dass sich die Tochter vermehrt bei ihr melden würde. Wenn die Tochter dann anrief, sprach die Frau aus dem Gefühl des Mangels heraus zumeist in vorwurfsvollem Unterton mit ihr. Ihr erster Schritt bestand nun darin, aufzuschreiben und zu fühlen, was sie alles an ihrer Tochter schätzte. Das nächste Telefonat verlief viel positiver als sonst, weil sich die Frau aus dem Gefühl der Fülle von Herzen über den Kontakt zu ihrer Tochter freute. Ihre Telefonate wurden häufiger, der Kontakt verbesserte sich.

3. Sich jedes Stück schmecken lassen

Gerade bei großen Wünschen und Projekten kann sich das Gefühl des Überdrusses einstellen. Hier hilft im übertragenen Sinn das Buch „1001 Rezepte aus der Elefantenküche". Verschönern Sie sich Ihre Teilaufgaben und sorgen Sie für Abwechslung.

Der Marathonläufer trainierte nicht immer dieselbe Strecke, sondern erkundete während seiner Trainingseinheiten nach und nach die ganze Gegend. Er entdeckte Orte, die er nicht kannte, obwohl er seit fast zwanzig Jahren dort lebte.

4. „Der Brocken ist einfach zu groß" – negative Gedanken im Griff

Negative Gedanken können Ihnen einen Strich durch die Rechnung machen. Wir können uns über die einzelnen Schritte im Klaren sein, die für eine Wunscherfüllung hilfreich sind. Aber oft reicht schon ein kleiner Zweifel aus, um sich wieder über das Gesamtprojekt Sorgen zu machen.

- „Wird das wirklich klappen?"
- „Will ich nicht doch zu viel?"
- „Was, wenn es doch nicht funktioniert?"

Hier hilft vor allem eines: bewusstes Gegensteuern, und das wieder und wieder. Sich immer wieder selbst zurückholen, wenn man dabei ist, sich allerlei schlimme Verläufe auszudenken. So ist es äußerst hilfreich, sich immer insbesondere auf den nächsten zu Schritt konzentrieren. Dann kommt der nächste. Und sich weiter in Dankbarkeit vorstellen, wie wunderbar es sich anfühlt, wenn der Wunsch sich erfüllt hat.

5. Überblick im Kühlschrank: die Orientierung behalten

Das Wissen darum, wie viele Elefantensteaks bereits verspeist sind und wie viele noch im Kühlschrank gelagert sind, helfen uns, auf Kurs zu bleiben. Wir können uns über die bereits zurückgelegte Wegstrecke freuen und dankbar zurückblicken. Außerdem können wir sinnvolle Kurskorrekturen vornehmen und weitere Einzelschritte planen.

Gestalten Sie den Gesamtüberblick möglichst neutral im Sinne eines Orientierungsflugs:

- „Wo stehe ich?"
- „Wo will ich hin und *wofür* will ich dorthin?"
- „Was ist schon gut gelaufen?"
- „Was muss ich weiter beachten?"
- „Wo kann ich Unterstützung bekommen?"

Es ist wichtig, immer wieder zurück auf die Detailebene zu gehen und sich an den nächsten Schritt zu machen. Wenn wir uns auf das konzentrieren, was jetzt ansteht, kommen wir in Aktion.

Eine Schülerin, die sich auf eine anspruchsvolle Chinesischprüfung vorbereitete, zählte regelmäßig die Kärtchen, auf die sie diejenigen Vokabeln geschrieben hatte, die sie sich schlecht merken konnte. Sie freute sich über den täglich abnehmenden Stapel Kärtchen der ihr unbekannten Schriftzeichen und über den größer werdenden Stapel der Kärtchen, dessen Inhalt sie bereits im Schlaf beherrschte.

In Kürze

Große Wünsche in kleine Einheiten aufteilen, Stückchen für Stückchen angehen und am besten täglich dranbleiben.

5.12 Inspiration: Hörbar denken und sich selbst die richtigen Fragen stellen

„Die Fragen sind es, aus denen das, was bleibt, entsteht.“

(Erich Kästner)

Wer laut denkt und mit sich selbst spricht, gilt schnell als jemand, der nicht alle Tassen im Schrank hat. Dabei ist eine bestimmte Art der Selbstkommunikation außerordentlich nützlich und hilft dabei, die Realisierung von Wünschen zu planen, kreative Lösungen zu finden und schneller in besserer Qualität ans Ziel zu kommen. Warum ist das so? Im Vergleich zum Denken im Stillen dauert es etwas länger, Gedanken in Worten und Sätzen zu formulieren und auszusprechen. Hierdurch können die eigenen Gedanken direkter und intensiver wahrgenommen werden. Wenn wir schweigend nachdenken, ohne unsere Gedanken in Worte zu kleiden, sind diese oft eher unsortiert und nebulös. Schon allein durch das Aussprechen unserer Gedanken können wir für Klarheit sorgen.

Wir können die Untersuchungen und Erkenntnisse des amerikanischen Psychologen Ibraim Senai (2010) für unsere Wunscherfüllung nutzen. Er stellte fest, dass sich hörbar ausgesprochene lösungsorientierte Fragen wie „Schaffe ich das?“ deutlich besser auf die Motivation, bestimmte Ziele zu erreichen, auswirken, als plumpe Anfeuerungen wie „Ich schaffe das!“. Fragen anstelle von antreibenden Aussagesätzen erzeugen angenehme Gefühle von Handlungsfreiheit und Motivation. Selbstanfeuerungen können dagegen den Druck noch erhöhen und sich kontraproduktiv auswirken.

Weitere Erkenntnisse zum Wert des lauten Denkens bei der Zielerreichung erlangten die Psychologen Dietrich Dörner und Ralph Reimann (2004). Sie wollten herausfinden, wie sich Selbstgespräche auf die Leistungen von Konstrukteuren im Maschinenbau auswirken. Sie ließen 17 Studentinnen und Studenten eine Konstruktionsaufgabe lösen. Vorher wurden diese explizit zum lauten Denken aufgefordert. Die Tüftelarbeit wurde auf Video aufgezeichnet. Die 17 Probanden stellten dabei insgesamt 281 Fragen an sich selbst. Drei Experten bewerteten die Qualität der Konstruktionsentwürfe nach A-, B- und C-Güte. Denn die Forscher wollten wissen, ob die Ergebnisqualität von der Häufigkeit der Selbstbefragung abhing und, wenn ja, welche Fragetypen zu den besten Ergebnissen führten. Die Auswertung zeigte: Konstrukteure, die Entwürfe der Güteklasse A abgeliefert hatten, hatten deutlich *mehr* Fragen an sich selbst gestellt als die weniger erfolgreichen, und zwar unabhängig davon, wie lange sie jeweils an der Lösung herumgetüftelt hatten. Der erfolgreichste Teilnehmer hatte sich knapp 60 Fragen gestellt und die beiden schlechtesten dagegen nur 0 beziehungsweise 3 Fragen. Vier Typen von Fragen an sich selbst wurden identifiziert:

1. Konstruktive Erweiterungsfragen, z. B.: „Wie kann ich das hier anbringen?"
2. Konsequenz-Analysefragen, z. B.: „Wenn ich das so mache, hält das dann?"
3. Sich selbst in Frage stellen, z. B.: „Wieso kriege ich das nicht hin?"
4. Unkenntnisfragen, z. B.: „Wofür ist das denn?"

Die erfolgreichsten Konstrukteure fielen dadurch auf, dass Sie besonders viele Fragen der Gattung 1. und 2., also konstruktive Erweiterungsfragen und Konsequenz-Analysefragen gestellt hatten.

Wenn wir uns mit der Planung und Realisierung unserer Wunscherfüllung befassen, können wir diese Erkenntnisse wie folgt miteinander kombinieren:

Hörbar denken schafft Klarheit + viele lösungsorientierte Fragen an sich selbst = Bester Weg zur Wunscherfüllung

Eine lösungsorientierte Selbstbefragung zur Verbalisierung unseres Vorgehens und zum Zurückgreifen auf Erfahrungen kann für die Wunscherfüllung sehr nützlich sein. Ein solches Selbstgespräch kann ebenso hilfreich sein wie das mit einem guten Coach. Seien Sie sich selbst ein guter Gesprächspartner!

Hier eine kurze Anleitung für ein Gespräch mit sich selbst für Ihre Wunscherfüllung:

- **Beginnen** Sie mit der Frage: „Wie *könnte* ich meinen Wunsch XY am besten erreichen?" Hierbei schafft das Verb im Konjunktiv „könnte" viele Möglichkeitsräume und damit kreative Lösungsansätze.
- **Strukturieren** Sie die einzelnen Schritte, z. B. „Was *könnte* ein guter erster Schritt sein? Und dann? Und dann?"
- Besprechen Sie anschließend die **Konsequenzen** der einzelnen Schritte: „Was *passiert* eigentlich, wenn ich das so und so mache?" Das Verb „passiert" steht im Indikativ und hilft uns, analytisch und realistisch zu denken.
- **Verfeinern** Sie dann Ihre Wunscherfüllungsstrategie, z. B.: „Was *hilft* mir sonst noch für die Wunscherfüllung?"
- **Verzichten** Sie bitte auf jegliche Art von negativer Selbstkommunikation wie: „Das klappt ja sowieso nie!", sowie auf druckauslösende Selbstanfeuerung wie: „Ist doch überhaupt kein Problem!"

Auch wenn diese Inspiration vielleicht im ersten Moment ein wenig skurril anmutet: Probieren Sie es einmal aus und seien Sie sich ein guter, interessierter und wohlwollend-kritischer Gesprächspartner. Selbstgespräche helfen, uns zu „takten", damit wir eines nach dem anderen tun können, ohne uns in zu vielen Gedanken zu verlieren.

Darüber hinaus ist es natürlich entscheidend, dass neben den Selbstgesprächen auch Kommunikation mit anderen Menschen stattfindet. Doch gerade bei sehr persönlichen, bislang unausgesprochenen Wünschen kann ein Selbstgespräch ein guter Einstieg sein, die Wunscherfüllung im Gang zu setzen. Denn indem wir mit uns selbst ins Gespräch kommen, gestehen wir uns unseren Wunsch ein und geben ihm hörbar Ausdruck – der erste Schritt zur Wunscherfüllung.

In Kürze

Hörbare Selbstgespräche darüber, wie wir unseren Wunsch verwirklichen wollen, erhöht das Selbstvertrauen, steigert das subjektive Erleben von Handlungsfreiheit und hilft dabei, kreative Lösungen zu finden.

5.13 Inspiration: Sich Helfer suchen

„Mancher ertrinkt lieber, als dass er um Hilfe ruft.“

(Wilhelm Busch)

Menschen, denen Dinge gelingen oder die über viel Kraft verfügen, zeichnen sich oft dadurch aus, dass sie sich von anderen helfen lassen können. Sie verlangen nicht von sich, alles alleine machen zu müssen. Sie nutzen den Rat von Expertinnen und Experten für ihre Anliegen. Sie sind sich nicht zu stolz, um Hilfe oder Unterstützung zu bitten.

Deshalb möchte ich Ihnen vorschlagen, sich für jeden einzelnen oder auch nur einen Ihrer Wünsche einen Helfer zu suchen. Sie können sie oder ihn auch Mentor, Coach oder Begleiter nennen. Überlegen Sie, an wen Sie sich zur Begleitung Ihres Wunsches wenden könnten. Wer ist Ihnen wohlgesonnen? Wer könnte Sie freudig unterstützen und Sie in Bezug auf Ihre Wunscherfüllung ermutigen? Wer hat möglicherweise bereits einen ähnlichen Wunsch verfolgt und konnte ihn sich erfüllen? Von wem können Sie lernen? Wer hat eine positive und stärkende Wirkung auf Sie?

Sobald Sie eine oder mehrere Personen als Helfer identifiziert haben, überlegen Sie sich auch, was für Sie die beste Art an Unterstützung wäre: Wünschen Sie fachlichen Rat? Benötigen Sie jemanden, der Ihnen Mut zuspricht? Oder hilft es Ihnen, wenn Sie jemand regelmäßig an Ihre Vorhaben erinnert? Besprechen Sie mit Ihrem Helfer in aller Ruhe die Art von Unterstützung, die Sie sich wünschen.

Neben der Unterstützung, die Ihnen zuteilwird, dürfen Sie sich als positiven Nebeneffekt auch über eine sich einstellende Vertiefung Ihrer Beziehung zu Ihrem Helfer freuen. Es ist ein beglückendes Gefühl, jemandem die richtige Art an Unterstützung zuteilwerden zu lassen und zu erleben, wie der andere durch diese Hilfe vorwärtskommt. Ebenso beglückend ist es, zu wissen, dass man selbst Rückendeckung und Stärkung annehmen darf. Vertrauen Sie Ihrer Helferin oder Ihrem Helfer und auf ihr oder sein Wohlwollen. Sich gegenseitig wahrhafte Unterstützung zukommen zu lassen, ist eine echte Win-win-Situation.

Ein Strom wollte durch die Wüste zum Meer. Doch so schnell er auch in den Sand fließen mochte, seine Wasser wurden dabei aufgesogen und verschwanden. Da hörte er eine Stimme, die aus der Wüste kam und sagte:

„Der Wind durchquert die Wüste, und der Strom kann es auch. Du musst dem Wind erlauben, dich zu deinem Bestimmungsort hinüberzutragen."

„Aber wie soll das zugehen?"

„Indem du dich von ihm aufnehmen lässt."

„Aber kann ich nicht derselbe Fluss bleiben, der ich jetzt bin?"

„In keinem Fall kannst du bleiben, was du bist", flüsterte die geheimnisvolle Stimme. „Was wahrhaft wesentlich an dir ist, wird fortgetragen und bildet wieder einen Strom."

Und der Fluss ließ seinen Dunst aufsteigen in die Arme des Windes, der ihn willkommen hieß, ihn sachte und leicht aufwärtstrug und ihn, sobald sie den Gipfel des Gebirges erreicht hatten, wieder sanft herabfallen ließ. Schöner und frischer als je zuvor.

(Weisheit der Sufi nach Awad Afifi)

Eine weitere Idee, die durch ihre Einfachheit überzeugt, ist die folgende: Lassen Sie sich von Fremden helfen, wenn Sie auf der Suche nach einer guten Idee zur Unterstützung Ihrer Wunscherfüllung sind. Das kann die wenig vertraute Nachbarin, der uns nur vom Sehen bekannte Arbeitskollege, der Friseur, der Freund der Tochter oder die Gärtnerin sein. Den besten Freund, die Partnerin oder die Lieblingskollegin als Mitdenker einzusetzen, könnte dazu führen, dass Sie keine wirklich neuen Ideen erhalten, da diese Menschen Sie sehr gut kennen. Nutzen Sie die Unvoreingenommenheit und das Nicht-Wissen fremder Personen, um neue Türen für Ihre Wünsche zu öffnen.

In Kürze

Sich Helfer suchen, denen wir vertrauen und sich auf seinem Weg von diesen beraten und begleiten lassen.

5.14 Inspiration: Wie man mit Schriftlichkeit einem Wunsch näher kommt

„In der Fähigkeit, einen edlen Wunsch intensiv und heiß zu nähren, liegt etwas wie Erfüllung.“

(Marie von Ebner-Eschenbach)

Menschen, die sehr konkret formulieren, was sie sich wünschen, haben eine größere Chance, dass dieser Wunsch in Erfüllung geht. Deshalb werden Sie in diesem Buch täglich und wöchentlich zur Schriftlichkeit eingeladen.

Nach Untersuchungen des Psychologen Peter Gollwitzer erhöht sich die Chance der Wunscherfüllung dreifach, wenn man sich nicht nur seinen Wunsch vor Augen führt, sondern vor allem auch das Wann, Wie und Wo der Aktivitäten, die uns unserem Wunsch näher bringen. Dann werden aus gedanklichen Vorsätzen sehr rasch Gewohnheiten und ein automatisiertes Verhalten, das die Wunscherfüllung begünstigt. Aus Intentionen werden Handlungen.

Wenn Sie diese Methode ausprobieren möchten, sollten Sie konkret formulieren, wann Sie was wann, wie und wo tun möchten. Ideal zur schriftlichen Vorbereitung eignen sich hierfür „Wenn-dann“-Sätze.

Hier drei Beispiele aus den drei Bereichen Gesundheit, Beziehung und Beruf:

- **Beispiel zum Wunsch „Mehr Gesundheit durch mehr Bewegung“**
  „*Wenn* ich dienstags abends nach Hause komme, *dann* ziehe ich sofort Sportkleidung und Joggingschuhe an, die ich bereits am Vorabend vorbereitet und neben die Eingangstür gelegt habe.“
- **Beispiel zum Wunsch „Eine bessere Beziehung zu meinem Bruder“**
  „*Wenn* ich jeden dritten Sonntag am Morgen meinen Bruder anrufe, *dann* notiere ich vorher fünf Gründe, was ich an meinem Bruder schätze. *Wenn* er sich am Telefon meldet, begrüße ich ihn freundlich mit seinem Namen, frage ihn, wie es ihm geht, was es Neues gibt und was ihn beschäftigt.“
- **Beispiel zum Wunsch „Erfolgreich im Beruf und gleichzeitig mehr Freizeit“**
  „*Wenn* ich abends nach Hause gehe, *dann* schreibe ich vorher die wichtigsten drei Aufgaben für den nächsten Tag auf, bereite die Unterlagen hierfür vor, damit ich am nächsten Morgen sofort mit der wichtigsten Aufgabe starten kann. Anschließend genieße ich meinen Feierabend.“

Malen Sie sich diese Momente genau aus und empfinden Sie innere Freude, dass diese Tätigkeiten Sie Ihrem Wunsch näher bringen. Dadurch bleibt das Gehirn für die Situation auf „Stand-by" geschaltet und kann schneller reagieren, wenn sie eintritt.

Formulieren Sie nun für die nächste Woche drei Aktivitäten, die Sie Ihrem Wunsch näher bringen, so präzise wie möglich, und notieren Sie diese auf dem Wochenblatt. Was tun Sie wann, wo und mit wem?

Drei Dinge, die ich in dieser Woche gerne auf dem Weg zur Wunscherfüllung tun möchte:

Wunsch	**Was tue ich?**	**Wann tue ich es?**	**Wo tue ich es?**	**Mit wem tue ich es?**

Formulieren Sie anschließend Ihre drei *Wenn-dann*-Sätze:

1. ____

____

2. ____

____

3. ____

____

Probieren Sie diese Form der schriftlichen Konkretheit einmal bewusst aus und versuchen Sie, konsequent zu bleiben. Schriftlichkeit verleiht unseren Wünschen Power. Indem wir schreiben, klären wir unsere Gedanken und machen uns bewusst, welches ein wirklich guter nächster Schritt ist. Wir machen uns hierdurch unabhängiger von den vielen kleinen Zerstreuungen des Alltags und können unseren Fokus besser behalten.

Außerdem bereiten wir durch den Akt des Schreibens bereits den Weg zur Handlung vor. Schon bald wird sich eine neue Gewohnheit auf dem Weg zur Wunscherfüllung ausgebildet haben.

In Kürze

Die Kraft der Schriftlichkeit nutzen: Notieren, wann, wo und mit wem wir was tun, um unseren Wünschen näher zu kommen. Je präziser, desto wirksamer.

5.15 Inspiration: Wie man mit visuellem Denken einem Wunsch näher kommt

„Fantasie ist wichtiger als Wissen."

(Albert Einstein)

Das Miteinander von Sprache und Visualisierung ist faszinierend. Über die Kraft von Bildern für die Wunscherfüllung haben Sie am Anfang des Buches bereits gelesen. Es ist lohnend, sich mit Visualisierung etwas näher zu beschäftigen, da hierin ungeahnte Möglichkeiten verborgen sind. Die Sprache ist als Kommunikationsmittel ja allgemein anerkannt. Selbstverständlich können wir noch darüber diskutieren, wie man sie zum Zweck der Wunscherfüllung am besten einsetzt. Bei Visualisierung, z. B. mittels Illustrationen, sieht es anders aus: Sie sind weit davon entfernt, als Kommunikationsmittel etabliert zu sein. Außer vielleicht in der Kommunikation per Handy, seit es Emoticons gibt. Die aus Japan stammenden Piktogramme sollen uns helfen, uns direkt und verständlich auszudrücken. Lachende, weinende oder sonstige Gesichter sollen dem Gesprächspartner die aktuelle Stimmungslage vermitteln.

Wer Illustrationen für andere Zwecke übermäßig einsetzt, läuft möglicherweise Gefahr, belächelt zu werden, außer er ist ein anerkannter Cartoonist oder Grafiker. Dabei birgt die Illustration, insbesondere die selbst produzierte Illustration, ein ungeahntes Potenzial in sich. Kombiniert mit klarer und präziser Sprache kann sie für die Wunscherfüllung richtig wirksam werden. Vielleicht befürchten Sie, dass Ihre Fertigkeiten im Zeichnen nicht ausreichen, um „verständlich" zu visualisieren. Diese Ausrede gilt nicht. Schon ein paar einfache Grundformen (Kreis, Quadrat, Dreieck, Rechteck), Linien und Pfeile sowie Gesichter, Strichmännchen und simple Gegenstände genügen, um eine visuelle Sprache zu entwickeln. Probieren Sie es doch gleich einmal aus und holen Sie sich irgendein Stück Papier und einen Stift:

Zeichnen Sie mal einen Baum:

- Zeichnen Sie ihn nun mit all seinen Blättern und der Struktur des Stammes.
- Blüht Ihr Baum?
- Trägt Ihr Baum Früchte?
- Bietet er einem Vogelnest Platz?
- Hat er, wie im Märchen, ein magisches Gesicht?
- Wie sieht er während der Jahreszeiten aus? Am Tag und in der Nacht?
- In welcher Landschaft steht er?

Hatten Sie Spaß? Glauben Sie immer noch, Sie könnten nicht zeichnen? Freies Zeichnen und Malen ist eine nicht an die Sprache gebundene Form der Kommunikation mit uns selbst und anderen. Es hilft uns, alte Wege zu verlassen und neue zu begehen. Es hilft uns, Sichtweisen zu klären und Zusammenhänge zu erkennen. Intuitives Malen und Kritzeln ist befreiend. Das wissen all diejenigen, die sich in einer langweiligen Schulstunde oder einem nicht enden wollenden Meeting dabei ertappen, wie aus Kreisen plötzlich explosive Blumen oder aus Quadraten plötzlich filigrane Flugzeuge entstehen.

Wir sollten mutig sein, mehr zu visualisieren. Denn Visualisieren fördert die Kreativität und die innere Freiheit. Visualisieren Sie Ihren erfüllten Wunsch. Visualisieren Sie auch den Weg dorthin.

Sehr inspirierend hierfür ist das Buch von Dan Roam *The Back of the Napkin* („Die Rückseite der Papierserviette"). Klarer wird es dann im Untertitel: „Wie man mit Bildern Probleme löst und Ideen verkauft". Die deutsche Ausgabe soll in Kürze erscheinen. Dan Roam schafft eine nachvollziehbare und überzeugende Grundlage für seine Praxis des Bildermachens, die man als Laie sehr einfach auch für sich selbst anwenden kann. Hierfür können sämtliche beschreibbaren Materialien verwendet werden, z. B. auch Papierservietten.

Dan Roam (2013) beschreibt vier Schritte des visuellen Denkens, die sich ideal auf unser Thema anwenden lassen:

1. sehen (passiv)
2. betrachten (aktiv)
3. vorstellen
4. zeigen

Wir können die vier Schritte des visuellen Denkens vielfältig für die Wunscherfüllung einsetzen und nutzbar machen:

- Identifikation unserer wahren Wünsche
- Planung unseres Weges zur Wunscherfüllung
- Lösung von Problemen, die wir unterwegs antreffen

Im Folgenden sind die vier Schritte des visuellen Denkens angewendet auf die Erstellung einer visuellen Wunschliste:

Schritt 1: Wünsche sehen

Damit wir uns einen Überblick über die in uns schlummernden Wünsche verschaffen können, sammeln wir diese zuerst und breiten sie in einer Art Auslegeordnung aus. Zum Beispiel jeden Wunsch auf ein Stück Papier oder eben auf eine Papierserviette zeichnen. Dann können wir sie ansehen – einfach mal gucken, was da vor uns liegt. So entsteht ein erster Eindruck und damit verbunden eine erste Einschätzung der Wunschlandschaft.

Schritt 2: Wünsche betrachten

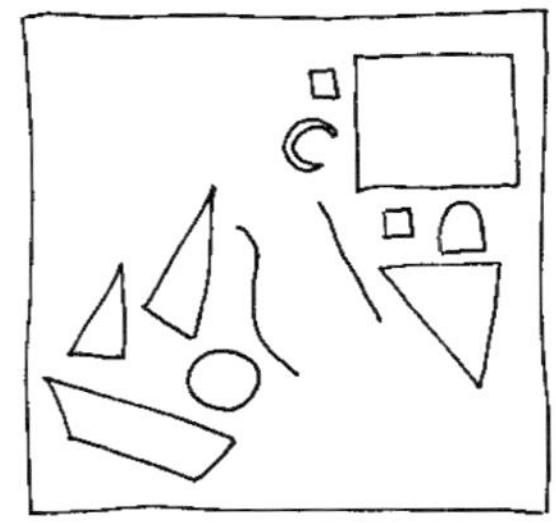

Als zweiter Schritt folgt das genauere und aktivere Betrachten, das Hineinfühlen in jeden einzelnen Wunsch. Hier treffen wir erste Entscheidungen, wir wählen aus und gliedern. Aus einer gleichförmigen Masse von Wunschgedanken erheben sich Gruppen von Einzelelementen, die möglicherweise miteinander verbunden sind. Zusammenhänge und Muster werden sichtbar.

Schritt 3: Wunscherfüllung vorstellen

Beim Vorstellen, wie es wäre, wenn sich der Wunsch erfüllt hätte, richten wir unser inneres Auge auf die Dinge, die nicht vor uns liegen und nicht unmittelbar sichtbar sind. Welche Schlüsse und Möglichkeiten ergeben sich aus dem, was ich gesehen habe? Wo habe ich Ähnliches schon einmal gesehen? Gibt es Analogien? Was sagt es über mein inneres Wesen aus? Welche sind meine wahren Wünsche, die zutiefst meinem inneren Wesen entsprechen?

Schritt 4: Wunscherfüllung zeigen

Was als authentischer Wunsch sichtbar geworden ist, darf im letzten Schritt auch anderen Personen, die Sie bei der Erfüllung Ihrer Wünsche unterstützen dürfen, mitgeteilt werden – natürlich mit Bildern. Der Ansatz des visuellen Denkens gleicht einer kreativen und unterhaltsamen Denkschule, die anregt, neue Wege des Beobachtens, Analysierens und Entwickelns zu erkunden.

Gerade auch für Menschen, die sich selbst als „wenig visuell" beschreiben, kann Malen, Zeichen oder Illustrieren sehr bereichernd wirken. Bei dieser Form des Ausdrucks mit Bildern geht es nicht um die Produktion von Kunstwerken, sondern um den gezielten und wirkungsvollen Einsatz illustrierender Elemente in der Kommunikation mit sich selbst und anderen.

Hier ein Beispiel, wie man den Weg zur Wunscherfüllung illustrieren könnte:

In Kürze

Zeichnen und malen als vertraute, nichtsprachliche Ausdrucksform kann uns neue Sichtweisen und Wege für unsere Wunscherfüllung eröffnen. Warum nicht das Wochenblatt neben dem Geschriebenen auch mit kleinen Skizzen füllen?

5.16 Inspiration: Wie man in Bewegung bleibt

„Bewegung macht beweglich – und Beweglichkeit kann manches in Bewegung setzen.“

(Paul Haschke)

Für die Wunscherfüllung ist Bewegung aus zwei Gründen entscheidend:

1. Bewegung versetzt Sie in positive Stimmung. Und Positives zieht Positives, also die Erfüllung Ihrer Wünsche, an.
2. Wer sich bewegt, ist geistig und körperlich flexibler. Er kann auf dem Weg zur Wunscherfüllung kraftvoll eigene Beiträge leisten und zudem auch andere und anderes in Bewegung bringen.

Dieses Kapitel soll aber die Bewegungsmuffel unter Ihnen nicht unter Druck setzen. Vielmehr soll es helfen, Ihr Bewusstsein zu schärfen, wie erfrischend Bewegung auf den Geist wirkt. Damit stellt das bewusste Erleben von Bewegung einen wichtigen Beitrag auf Ihrem Weg zur Wunscherfüllung dar.

Kommen Sie in Bewegung und fühlen Sie, wie durch bewusste Bewegung vieles in Fluss kommt. Denn unser Körper ist eigentlich auf Bewegung „programmiert“. Doch viele von uns haben sich an ein Leben gewöhnt, das ohne viel Bewegung auskommt. Der natürliche Energieumsatz des Menschen pro Tag würde einer Gehstrecke von rund 20 bis 25 Kilometern entsprechen. Tatsächlich legen die Menschen heute im Durchschnitt nur ein bis zwei Kilometer zurück. Regelmäßige körperliche Aktivität hingegen hat nachgewiesenermaßen viele Vorteile: Wir können besser abschalten, Stress abbauen und bleiben körperlich und geistig fit und flexibel, auch im Alter.

Dass Bewegung unser Gehirn leistungsfähiger macht und uns zudem in positive Stimmung versetzt, zeigt auch das Ergebnis einer wissenschaftlichen Studie von Dr. C. Hillman von der Universität Illinois. In dieser Studie wurden von neun- und zehnjährigen Kindern vergleichbare Tests absolviert – jeweils vor und nach einer 20-minütigen Bewegungseinheit auf einem Laufband bei etwa 60 Prozent der maximalen Herzfrequenz. Die Ergebnisse, die Dr. Hillman und sein Team beschreiben, sind „erhellend“: Die Kinder reagierten in dem Test nach der Bewegung schneller und fanden zu einfacheren Lösungsansätzen. Das Gehirn war schlicht „aktiver“.

Außerdem wird bei körperlicher Bewegung Endorphin freigesetzt. Aufgrund dieses Hormons wird unsere Schmerzschwelle größer und ein eventuelles ungutes Gefühl während der Bewegungseinheit minimiert. Es kann sogar – im Gegenteil – zu einem Glücksgefühl kommen. Wir fühlen uns stärker und besser gerüstet gegen die vielen kleinen Probleme und Hürden des Alltags.

Mehrere Studien zeigen, dass kurze, intensive Trainingseinheiten von nur 10 bis 20 Minuten nachweisbare (positive) Effekte auf den Körper *und* den Geist haben. Dabei müssen wir keine Spitzensportler sein, um von den physischen und psychischen Anpassungen unseres Körpers zu profitieren.

Die Zwickmühle ist: Nur wenn ich Lust auf Bewegung habe und sie mir auch Spaß macht, kann ich sie erfolgreich in meinen Alltag integrieren. Dinge, die mir keinen Spaß machen, tue ich, wenn ich sie überhaupt tue, nur ungern und nicht mit vollem Einsatz.

Gleichzeitig sorgt aber eben die Bewegung für ein gutes, glückliches Gefühl, macht uns produktiver und leistungsfähiger. Das alles sind, neben allen physischen Anpassungen, tolle Effekte und rechtfertigen es, einfach mit der Bewegung loszulegen. Wie wir aus Dr. Hillmans Studie erkennen können, brauchen wir keinen Marathon zu laufen oder jeden Tag 700 Liegestützen zu machen. Etwas Bewegung und Sport ist aber in jedem Fall besser als keine Bewegung.

Der Alltag bietet viele Bewegungschancen, ohne dass dafür extra Zeit investiert werden muss. Wenn es gelingt, sich bestimmte persönliche Bewegungsgewohnheiten anzueignen und diese regelmäßig zu pflegen, gewinnen wir mehr Gesundheit, Lebensqualität und eine positive Ausstrahlung. Vergleichen Sie einmal bewusst, wie Sie sich vor und nach der Bewegung fühlen. Empfinden Sie Freude über Ihren beweglichen Körper, ganz unabhängig von einem intensiven Trainingsprogramm. Probieren Sie es doch einmal aus, mindestens die nächste Woche. Die Wirkung ist erstaunlich, und es geht ganz leicht.

Möglichkeiten Bewegung im Alltag zu integrieren

Morgens

- Vor dem Aufstehen erst einmal im Bett ausgiebig räkeln und strecken. Bestes Vorbild sind Katzen
- Nach dem Aufstehen im Stehen strecken und bewegen: Schultern, Arme, Beine

Arbeitsweg

- Statt Autofahren öffentliche Verkehrsmittel und zu Fuß gehen kombinieren
- Wenn Sie zur Arbeit laufen, sich die Erfüllung Ihres heutigen Wunsches während der Arbeit vorstellen
- Treppensteigen, anstatt die Rolltreppe oder den Lift zu benutzen, und sich bei jeder Stufe vorstellen, wie Sie Ihrem Wunsch näher kommen
- Kurze Sprints zum Bus oder zur S-Bahn und Dankbarkeit für Ihren leistungsfähigen Körper empfinden

Während der Arbeit

- Besprechungen zu zweit mit einem kleinen Spaziergang verbinden – in Bewegung und mit einer Portion Sauerstoff ist man viel kreativer in der Wunscherfüllung
- Nach jeder Stunde ein paar Dehnungsübungen (Schultern, Nacken, Arme, Beine)

Im Haushalt

- Besorgungen zu Fuß oder per Velo erledigen
- Garten und Hausarbeit als Bewegungschance nutzen und eventuell auf bequeme Hilfsmittel verzichten, z. B. den Rahm von Hand schlagen anstatt mit dem Mixer oder den Kuchenteig von Hand kneten
- Altglas zu Fuß anstatt mit dem Auto entsorgen
- Geburtstagsgrüße nicht elektronisch überbringen, sondern persönlich – oder schriftlich und die Karte zu Fuß zum Briefkasten bringen
- Staubsaugen, Rasenmähen und Fensterputzen mit Schwung als willkommenes Fitnessprogramm statt als lästiges Übel deklarieren

In der Mittagspause

- Wenn möglich, den Weg zur Essensgelegenheit mit einem Spaziergang verbinden
- Nach dem Essen eine kleine Runde zu Fuß drehen
- Joggen über Mittag

In der Freizeit und am Abend

- Am Abend nach dem Essen spazieren gehen
- Mit den Kindern oder dem Hund aktiv mitspielen
- Kleinere Kinder als tolles „Fitnessgerät“ nutzen: Sie z. B. im Liegen auf den Unterschenkeln balancieren und Flugzeug spielen. Sie lieben es!

- Beim Fernsehen die Zeit zur Bewegung nutzen, z. B. mit einem Hometrainer oder für leichtes Hanteltraining
- Sich nicht im Lokal, sondern zu einem Spaziergang verabreden
- Tanzen Sie nach Lust und Laune, wenn Sie zu Hause sind. Ganz ohne Anspruch, sondern einfach so

In Kürze

Ganz nebenbei Bewegung in unser Leben bringen für mehr Flexibilität beim Wünscheerfüllen – und für eine positive Stimmung.

5.17 Inspiration: Wie der innere Schweinehund mitkommt

„Wer über seinen Schatten springt, hat plötzlich die Sonne im Gesicht."

(Anke Maggauer-Kirsche)

Stellen Sie sich vor, Sie haben sich gestern Abend wieder einmal vorgenommen, heute, am Sonntagmorgen, endlich Ihr Trainingsprogramm zu starten und auf den Vita-Parcours bzw. Trimm-dich-Pfad zu gehen. Um 8 Uhr klingelt der Wecker. Und schon beginnt er, der innere Kampf zwischen Ihnen und Ihrem inneren Schweinehund. „Besiegen Sie Ihren inneren Schweinehund", liest man gelegentlich. Oder: „Just do it." Als ob es so einfach wäre. Ich möchte Ihnen nicht empfehlen, Ihren inneren Schweinehund zu besiegen, sondern eher, ihn auf dem Weg zur Wunscherfüllung mitzunehmen. Unser sogenannter „innerer Schweinehund" hätte nämlich eigentlich einen ganz anderen Namen verdient, erinnert er uns doch an das ein oder andere unerfüllte Bedürfnis, das beachtet werden möchte. (Vielleicht sollten wir ihn also besser unseren treuen „inneren Wachhund" nennen ...?!)

Bevor Sie Ihren inneren Schweine- / Wachhund näher kennenlernen, ist es hilfreich zu verstehen, was im oben genannten Fall in unserem Gehirn passiert.

Das Problem scheint in der Gehirnanatomie zu liegen. Wenn wir Pläne machen, also z. B. morgens früh auf den Vita-Parcours zu gehen oder am Wochenende die Steuererklärung auszufüllen, ist der präfrontale Kortex aktiviert. Julius Kuhl, Professor für Psychologie, bezeichnet diesen Gehirnteil als unser *Absichtsgedächtnis* (2001). Dieser Bereich ist jedoch nur schwach mit denjenigen Teilen des Gehirns vernetzt, die uns dann tatsächlich in Aktion bringen. Nämlich mit der intuitiven Verhaltenssteuerung in den tieferen Schichten des Gehirns, die über den Mandelkern, eine Schaltzentrale der Gefühle, zu den Handlungssystemen führt. Dieses Phänomen können wir uns folglich wie ein stetiges Spiel zwischen Absichtsgedächtnis und unserer Verhaltenssteuerung vorstellen. Der permanente im Gehirn stattfindende Balanceakt zwischen Absicht und Handlung leistet uns eigentlich gute Dienste: So bewahrt er uns in komplexen Situationen davor, voreilig zu handeln. So auch am Sonntagmorgen um 8 Uhr, da es im Bett doch viel gemütlicher ist als in der kühlen Luft im Wald.

Um einen Pfad von der Absicht zur Verhaltenssteuerung zu bahnen, sagt Julius Kuhl, braucht es einen positiven Affekt. Selbstvorwürfe helfen so gut wie nie. Wer ängstlich oder traurig ist, dessen Wunsch findet schlechter den Weg vom Denken zum Fühlen und zum Handeln. Das heißt, dass die Bekämpfung des inneren Schweinehundes eher kontraproduktiv ist. Denn sie ist mit negativen Gefühlen verbunden.

Zur Verhaltenskontrolle ist nicht der Wille entscheidend, sondern die Fähigkeit, seine Gefühle zu regulieren. Eine Handlung gegen die eigenen Gefühle gibt es nicht. Zusammenfassend heißt das: Bringen Sie sich in gute Stimmung und freunden Sie sich mit Ihrem inneren Schweinehund an.

Umgang mit Ihrem persönlichen Schweinehund

Probieren Sie einmal Folgendes aus. Es ist ungewöhnlich, aber es funktioniert:

1. Wann ist Ihr innerer Schweinehund aktiv?

Machen Sie sich bewusst, in welchen Situationen Ihr innerer Schweinehund aktiv ist. Überlegen Sie, an welcher Situation X Sie etwas ändern möchten.

2. Lernen Sie Ihren inneren Schweinehund kennen
Stellen Sie sich Ihre Situation X vor. Denken Sie dann an Ihren inneren Schweinehund. Sehen Sie ihn sich genau an. Wie sieht er aus? Welche Farbe hat er? Und was sagt er zu Ihnen? Was tut er? Einer meiner inneren Schweinehunde ist ziemlich struppig und kommt immer dann, wenn ich in eine Tätigkeit vertieft bin und dann etwas anderes tun sollte. Z. B. während ich einen Text schreibe, mich im Flow befinde und abbrechen soll, weil der nächste Termin ansteht. Mein innerer Schweinehund sieht dann so aus, als nage er an seinem Knochen und sei durch nichts in der Welt davon abzubringen. Der Schweinehund meines Sohnes dagegen ist ein gemütlicher, wuscheliger Sofahund, der immer dann kommt, wenn er mit den Hausaufgaben beginnen sollte.

3. Seien Sie nett zu ihm
Stellen Sie sich vor, dass Sie nun wie eine gute Freundin oder ein guter Freund mit dem Hund Kontakt aufnehmen. Wenn Sie Spaß daran haben, können Sie ihm auch einen Namen geben. Der gemütliche Sofahund meines Sohnes heißt z. B. „Jeffry“. Sprechen Sie gedanklich mit ihm und äußern Sie Verständnis für sein aktuelles Bedürfnis. Ihre Stimmung wird augenblicklich besser werden. Und die des Hundes auch.

4. Erzählen Sie ihm begeistert von Ihrem Wunsch
Sprechen Sie gedanklich über den wunderbaren Zustand der Wunscherfüllung, der Sie beide erwartet, und laden Sie Ihren Hund dann ein, Sie zu begleiten. Er wird Ihnen garantiert folgen.

Im Folgenden noch ein paar weitere Tipps, die sich bewährt haben:

- **Bereiten** Sie sich **vor**: Wenn Sie Joggingschuhe und Trainingsanzug schon am Vorabend bereit machen, fällt der erste Schritt leichter.
- Definieren Sie **feste Zeiten** für Ihr Vorhaben und halten Sie sich unbedingt daran. Es ist Ihre „heilige" Zeit, die Sie Ihrem Wunsch näher bringt. Definieren Sie vor allem auch passende Zeiten. Wenn Sie passionierter Sonntagslangschläfer sind, legen Sie den Vita-Parcours-Besuch auf den späten Nachmittag.
- Bringen Sie sich **vorher** in **gute Stimmung**, z.B. indem Sie sich vorstellen, was heute schon alles prima gelaufen ist. Üben Sie Dankbarkeit dafür. Und stellen Sie sich voller Freude vor, wie es sein wird, wenn Sie es geschafft haben.
- Packen Sie schwierige Vorhaben, in denen Ihr Schweinehund aktiv ist, möglichst **als Erstes am Tag** an. Der Erfolg wird Sie den ganzen restlichen Tag beflügeln.
- Seien Sie nicht nur **nett** zu Ihrem Schweinehund, sondern auch **zu sich selbst**: Lassen Sie ihn zwischendurch auch einmal gewinnen – und genießen Sie es in vollen Zügen!

In Kürze

Seinen inneren Schweinehund zu überwinden heißt, sich für ihn zu interessieren: Laden Sie ihn ein, Sie bei Ihrer Wunscherfüllung zu begleiten.

5.18 Inspiration: Musik zur Wunscherfüllung nutzen

„Ein gutes Lied verkürzt den Weg."

(Aus dem Kaukasus)

Musik begleitet uns Menschen über alle Epochen der Geschichte hinweg. Seit jeher verbinden wir mit Musik etwas Besonderes, beinahe Göttliches. Mit unseren Ohren nehmen wir akustische Reize wahr, die in unserem Gehirn verarbeitet werden und bestimmte Emotionen und Reaktionen auslösen. Musik beeinflusst Herzschlag, Blutdruck, Verdauung, Atemfrequenz und vieles mehr. Wir erkennen den Zusammenhang von Tönen einer musikalischen Komposition auf sinnliche Weise und ordnen ihm meist unbewusst ein Gefühl oder eine Bedeutung zu. Viele Menschen können bei Musik einen starken ideomotorischen Effekt feststellen. Der *Carpenter-Effekt* (oder ideomotorische Effekt) bezeichnet das Phänomen, dass das Sehen einer bestimmten Bewegung sowie – in schwächerem Maße – das Denken an eine bestimmte Bewegung die Tendenz zur Ausführung ebendieser Bewegung auslöst. Wir sprechen nicht umsonst von romantischer Musik oder von Tanzflächenfüllern.

Wenn man weiß, wie Musik auf einen persönlich wirkt, kann man sie wunderbar für ein Selbstpriming bzw. eine Selbstprogrammierung im Sinne der Wunscherfüllung nutzen. Nicht umsonst sieht man so viele Jogger mit Kopfhörern. Musik kann es uns erleichtern, bessere sportliche Leistungen zu bringen. Hier hilft es, für sich selbst festzustellen, welches Musikstück welche assoziative Tür öffnet. Manchmal wird uns das auch vorgegeben. Taucht z. B. ein Musikstück in einem bestimmten Umfeld auf, so kann sich der Priming-Effekt verstärken. Ganz deutlich ist das anhand von Filmmusik erlebbar. Sehen Sie sich einmal die berühmte „Ich-fliege"-Szene aus dem Film *Titanic* mit und ohne Musik an. Welch ein Unterschied! Und hören Sie sich die Filmmusik „My heart will go on" ohne Bilder dazu an. Erst in der Kombination, wenn sowohl der visuelle als auch der akustische Sinneskanal angesprochen wird, maximiert sich die Wirkung.

Vielleicht haben Sie Spaß daran, mit Musik ihre Wunscherfüllung zu begleiten. Dann stellen Sie sich Ihren bereits erfüllten Wunsch vor, suchen Sie sich die passende Musik dazu aus und hören Sie sie, wann immer es Ihnen guttut.

Wenn Sie sich eine Reise nach New York wünschen, ist das Lied „New York, New York" von Frank Sinatra möglicherweise geeignet, Sie in die passende Stimmung zu versetzen.

Wenn Sie sich wünschen, bessere intellektuelle Leistungen zu erbringen, hören Sie doch einmal Mozarts Sonate für zwei Klaviere in D-Dur oder J. Brahms: Klavierkonzert Nr. 2.

Falls Sie sich wünschen, ein schwieriges Projekt zu schaffen, das mit Wettkampf zu tun hat, könnte „Superheroes" oder „Hall of Fame" von The Script, „Eye of the Tiger" von Survivor oder „You can get it if you really want" von Jimmy Cliff Sie unterstützen.

Wenn Sie sich wünschen, sich abends besser entspannen zu können, probieren Sie es einmal mit J. S. Bach: Brandenburgisches Konzert Nr. 5.

Falls Ihr Wunsch mit mehr Gelassenheit zu tun hat, leistet das Dschungelbuch mit „Probier's mal mit Gemütlichkeit" oder „Take it easy" von Eagles gute Dienste.

Falls es um monetäre Ziele geht, gefällt Ihnen eventuell „Money, money, money" von Abba oder der Musicalsong „Big Spender".

Und wenn Sie einfach besserer Stimmung sein möchten, hören Sie wieder einmal die „Vier Jahreszeiten" von A. Vivaldi.

Hat man den Effekt einmal verstanden und setzt sich ein wenig mit ihm auseinander, so ist es möglich, ihn für sich und seine Wunscherfüllung zu nutzen. Vergegenwärtigen Sie sich nun Ihre Wünsche und deren Erfüllung. Wählen Sie die für Sie passende Musik, auch Filmmusik oder ein klassisches Stück dazu aus.

In Kürze

Sich mit Musik, die der Wunscherfüllung entspricht, in die richtige Schwingung versetzen und sich beflügeln lassen.

5.19 Inspiration: Wie aus negativen Gedanken positive werden

„Der Kopf ist rund, damit das Denken die Richtung wechseln kann."

(Francis Picabia)

Eine junge Frau, die sich insgeheim wünscht, befördert zu werden, oder ein Mann, der endlich seine Italienischkenntnisse verbessert haben möchte, oder jemand, der gerne ein entspanntes Verhältnis zu seiner Mutter hätte – Ihnen allen funken auf dem Weg zur Wunscherfüllung negative Situationen und Gedanken dazwischen. Jeder von uns kennt das. Viele von uns neigen dann dazu, sich zu beschweren, zu klagen oder zu jammern. Andere haben einfach schlechte Laune. Und wieder andere können mit ihrem Gedankenkarussell nicht richtig einschlafen.

Es scheint so zu sein, dass Negatives auch weiteres Negative anzieht. Und schon ist man drin im *Bad Day Zyklus*. Stellen wir uns die junge Frau vor, die befördert werden möchte. Die heißt Zoé. Seit drei Jahren ist sie Mitglied ihres Teams und macht ihre Sache gut. Ihre Vorgesetzte fördert sie und hat bereits mehrmals mit ihr über Entwicklungsmöglichkeiten gesprochen. Zoé hat jedoch insgeheim Bedenken, dass ihre heutigen Teamkollegen neidisch auf ihre Beförderung sein könnten. Außerdem traut sie sich das Ganze nicht recht zu. Sie denkt viel über ihren Wunsch nach und macht sich Sorgen. Dass ihre negativen Gedanken einen Einfluss auf ihre Umwelt ausüben, ist ihr nicht bewusst. Dennoch fragt sie sich, warum sie nicht vom Fleck kommt. Sehen wir uns an, was hier möglicherweise passiert. Stellen wir uns ein Teammeeting vor, in dem Vorschläge für einen wichtigen Anlass gesammelt und diskutiert werden.

Bad-Day-Zyklus

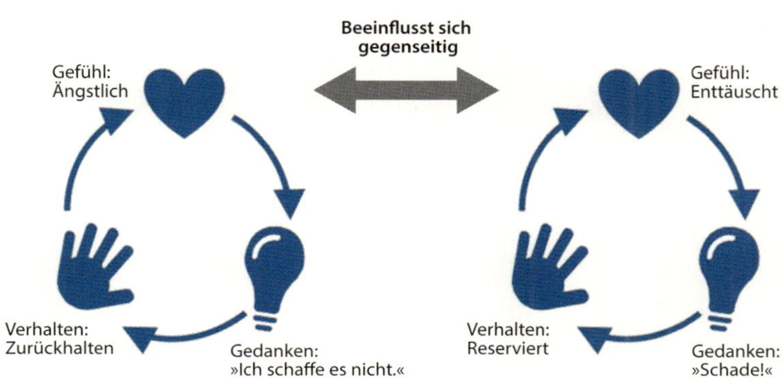

Die Negativität beginnt in Zoés Kopf mit negativen Gedanken: „Ich schaffe das nicht. Ich werde eh nicht befördert. Und wenn, dann habe ich mit den Kollegen ein Problem."

Mit solchen Gedanken fühlt sich Zoé nicht besonders gut. Das sieht man ihr auch an. Sie macht sich klein am Tisch, sitzt mit verschränkten Armen da und hat einen verschlossenen Gesichtsausdruck.

Entsprechend gefärbt sind Ihre Handlungen. Sie sagt wenig. Und wenn sie etwas sagt, dann sehr leise. Sie traut sich auch nicht, als die Chefin sie auffordert, Verantwortung für die Organisation der Veranstaltung zu übernehmen. Stattdessen findet sie, dass alle alles gemeinsam machen sollen.

Ihre Umwelt, in unserem Fall ihre Vorgesetzte, sieht und hört das. Sie ist enttäuscht, weil sie Zoé viel mehr zutraut. Und auch ein bisschen verärgert, da sie Zoé schon oft ermutigt hat, sich mehr einzubringen.

Aufgrund ihrer Enttäuschung und leichten Verärgerung verhält sich die Vorgesetzte Zoé gegenüber im Meeting reserviert. Sie vermeidet auch den Blickkontakt mit ihr.

Das wiederum registriert Zoé sofort und denkt: „Meine Vorgesetzte mag mich eh nicht. Ich wusste es. Ich schaffe es nicht."

Sie fühlt sich noch schlechter.

Und verhält sich noch passiver.

Das ist der *Bad Day Zyklus*. Ein Teufelskreis, der sich immer wieder aus den eigenen Gedanken, Gefühlen und Handlungen sowie der Reaktion der Umwelt neu speist.

Positive Gedanken dagegen ziehen Positives an:

Great-Day-Zyklus

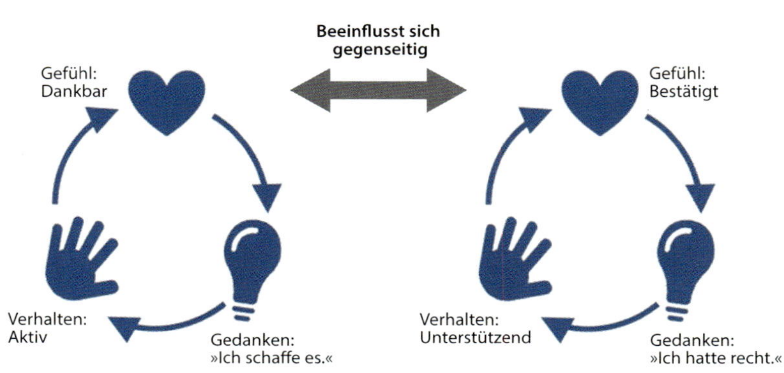

Positives beginnt in Zoés Kopf mit positiven Gedanken: „Ich schaffe das! Ich bin dankbar, wenn ich daran denke, befördert worden zu sein. Und das mit den Kollegen werde ich schon meistern."

Mit diesen Gedanken fühlt sich Zoé gestärkt und gut. Das sieht man ihr sofort an. Sie sitzt mit einer offenen Körperhaltung am Tisch und hat einen freudigen Gesichtsausdruck.

Entsprechend vollzieht sie ihre Handlungen. Sie bringt sich ein und macht Vorschläge. Ihre Stimme ist kräftig und engagiert. Sie traut sich zu, Verantwortung für die Organisation der Veranstaltung zu übernehmen. Und wünscht sich zur Verstärkung eine Stellvertretung.

Ihre Umwelt, in unserem Fall ihre Vorgesetzte, sieht und hört das. Sie fühlt sich bestätigt in ihrer Einschätzung und freut sich.

Entsprechend verhält sich die Vorgesetzte Zoé gegenüber im Meeting unterstützend und freundlich. Sie sucht Blickkontakt und lächelt.

Das wiederum registriert Zoé sofort und denkt: „Meine Vorgesetzte wird mich auf meinem Weg unterstützen." Sie fühlt sich großartig.

Und verhält sich noch aktiver. Das ist der *Great Day Zyklus*, gestartet durch positive Gedanken.

Wir können mit unseren Gedanken aktiv zur Wunscherfüllung beitragen. Allerdings ist es alles andere als leicht, Herr seiner negativen Gedanken und Stimmungen zu werden. Manchmal ist es auch stimmiger, seine Melancholie eine Zeit lang zu pflegen. Fürs Wohlbefinden und zur Wunscherfüllung ist dieser Zustand allerdings auf lange Sicht nicht förderlich.

Deshalb hier eine Methode, die Sie einmal ausprobieren können, wenn Sie sich im *Bad Day Zyklus* befinden und ausbrechen möchten.

1. Führen Sie sich die negative Situation in Bezug auf Ihre Wunscherfüllung vor Augen, in der Sie sich befinden, z. B. „Ich bin noch nicht befördert."
2. Bewerten Sie die Situation auf einer Skala von 1 (unerträglich) bis 10 (doch noch ganz okay).

unerträglich									**doch noch ganz okay**
1	2	3	4	5	6	7	8	9	10

3. Seien Sie gedanklich einen Moment lang Ihr bester Freund oder Ihre beste Freundin. Jammern Sie mit und zeigen Sie für Ihre Lage Verständnis: „... es ist ja auch wirklich nicht einfach ...“
4. Schreiben Sie nun 10 Dinge auf, für die Sie trotzdem dankbar sind:
    1. Und dennoch bin ich wirklich dankbar, weil ...
    2. Außerdem bin ich froh, dass ...
    3. Außerdem bin ich froh, dass ...
    4. Außerdem bin ich froh, dass ...
    5. Außerdem bin ich froh, dass ...
    6. Außerdem bin ich froh, dass ...
    7. Außerdem bin ich froh, dass ...
    8. Außerdem bin ich froh, dass ...
    9. Außerdem bin ich froh, dass ...
    10. Außerdem bin ich froh, dass ...
5. Sagen Sie sich zum Schluss: „Ich bin überzeugt, dass es für meine Situation eine gute Lösung geben wird.“
6. Bewerten Sie die Situation nun nochmals auf einer Skala von 1 (unerträglich) bis 10 (doch noch ganz okay).

unerträglich									**doch noch ganz okay**
1	2	3	4	5	6	7	8	9	10

Wie ist die Entwicklung? Eingefleischte Pessimisten bleiben wahrscheinlich bei ihrem ersten Wert. Möglicherweise hat sich aber sogar bei Pessimisten im Dezimalstellenbereich eine kleine Veränderung ergeben. Wenn Ihr Wert etwas besser geworden ist, vielleicht nur ein wenig, gratuliere ich Ihnen. Sie haben mit der Kraft Ihres Denkens Ihre Gefühle beeinflusst. Und Ihre besseren Gefühle werden natürlich auch Ihre Handlungen beeinflussen. Und diese wiederum werden auf Ihre Umwelt und damit auch auf Ihre Wunscherfüllung wirken.

In Kürze

Öfter mal „danke“ denken, wenn wir in schlechter Verfassung sind, und hierdurch Positives wie ein Magnet anziehen.

Achte auf deine Gedanken,
denn sie werden Worte.

Achte auf deine Worte,
denn sie werden Handlungen.

Achte auf deine Handlungen,
denn sie werden Gewohnheiten.

Achte auf deine Gewohnheiten,
denn sie werden dein Charakter.

Achte auf deinen Charakter,
denn er wird dein Schicksal.

(Aus dem Talmud)

5.20 Inspiration: Wie man den Ärger über sich selbst in Humor umwandelt

„Die schwierigste Turnübung ist immer noch, sich selbst auf den Arm zu nehmen."

(Werner Finck)

Wann haben Sie sich das letzte Mal über sich selbst geärgert? Oder waren unzufrieden mit sich selbst? Weil etwas, das Sie sich vorgenommen hatten, aufgrund Ihres eigenen Verhaltens schiefging. Sie hatten Ihren Wunsch zwar klar vor Augen und waren eigentlich gut unterwegs. Dennoch sagten oder taten Sie etwas, über das Sie sich anschließend ärgerten. Und schon sinkt das eigene Vertrauen in die Wunscherfüllung. Im Inneren tauchen Sätze auf, wie: „Du hättest dich mehr anstrengen müssen!" „Das ist ja wieder typisch für dich!" „Eigentlich wusste ich ja, dass es nicht gut geht!" „Du bist selbst schuld!"

Dass solche Situationen einen ganz schön quälen können, erfuhr Lukas K. am eigenen Leib: Seit ein paar Monaten erst war er neu in einer erstklassigen Beratungsfirma angestellt. Die Ziele, die man ihm vorgab, waren ambitioniert, insbesondere die Akquisitionsziele. Er stellte sich immer wieder vor, wie er neue Kunden gewonnen hätte, aber wirklich gut unterwegs war Lukas K. nicht. Täglich musste er sich neu motivieren. Eines Tages waren seine neue Chefin und er eingeladen, einem potenziellen Neukunden ein Trainingskonzept zum Thema „Erfolgreich schwierige Gespräche führen" zu präsentieren. Lukas K. sah darin die ideale Chance, endlich einen Akquisitionserfolg zu realisieren. Schließlich war er 12 Jahre lang Verkaufstrainer gewesen und wusste, wie man im Erstkontakt punktet. Seine Chefin und er waren gut vorbereitet und in Siegerstimmung. Ihre beiden Gesprächspartner, eine Personalleiterin und ein Linienvorgesetzter, Herr H., empfingen die beiden betont sachlich. Das Gespräch begann und schon bald wurde Lukas K. durch den Linienvorgesetzten mit sehr persönlichen Einwänden konfrontiert. Einer davon war: „Ich kann Sie mir für meine Leute als Trainer einfach nicht vorstellen." Und Lukas K. tappte geradewegs in die Falle: Sein engagiert vorgebrachtes Plädoyer mit Zahlen und Fakten wie „immerhin über 5.000 Trainingsteilnehmende und noch kein Training in den Sand gesetzt" prallte vollständig an Herrn H. ab. Er rechtfertigte sich, versuchte mit vielen Worten zu überzeugen, ließ nicht locker und machte damit die Sache immer schlimmer. Die Verabschiedung war alles andere als ermutigend. Lukas K. und seine Chefin bekamen den Auftrag natürlich nicht. Er machte sich noch tagelang große Vorwürfe. Sein Vertrauen in sich selbst war angeschlagen und seine Stimmung auch. Wir besprachen seine Situation im Coaching.

Ich zeigte ihm dieses Schild, dass ich per Zufall entdeckt hatte:

Humor – vielleicht hilft das. Aufgrund dieser Inspiration lud ich ihn ein, eine Methode auszuprobieren, die ich selbst entwickelt habe und mit großem Vergnügen immer wieder selbst praktiziere.

Willkommen in Ihrer Slapstick-Galerie

Ich fragte Lukas K., was ihm mit seinem Misserfolg jetzt guttun würde. Er erkannte schnell, dass er als Erstes mit seinen Selbstvorwürfen aufhören müsse. Die Selbstvorwürfe kamen ihm plötzlich vor wie ein innerer Kasperle aus dem Kasperletheater, der mit seiner Klatsche permanent Hiebe austeilt: „Du bist selbst schuld“ – klatsch! „Du kannst es nicht!“ – klatsch! „Du hast versagt!“ – klatsch! Das Problem daran: Er selbst war sowohl der schlagfreudige Kasperle, als auch derjenige, der die Schläge abbekam. Sichtlich belustigt schickte Lukas K. seinen inneren Kasperle hinter die Bühne. Stattdessen ließ er den gutmütigen König auftreten, der ihm großzügig vergab. Er fühlte sich augenblicklich besser. Der gutmütige König lud Lukas K. in seine ganz persönliche Bildergalerie ein.

Stellen Sie sich die Bildergalerie wie die Ahnengalerie in Hogwarts aus den Harry-Potter-Filmen vor: prächtige Bilderrahmen und darin lebendige, sich bewegende Bilder. Nun noch die Prise Humor: Lukas K. schrieb das Drehbuch seines verunglückten Verkaufsgesprächs im Genre des Slapstick und nahm eine kleine Korrektur vor: Der Linienvorgesetzte Herr H., der ihn aufs Glatteis geführt hatte, war in Realität kräftig gebaut und hatte einen ungewöhnlichen Nachnamen, in dem das Wort „Henne" vorkam. Also zog er ihm in seinem inneren Film ein Hennenkostüm an. Lukas K. selbst sah sich in seinem neuen Film als der übereifrige Trainer, der gestikulierend auf die Henne einredete, während diese nur brummend mit dem Kopf schüttelte. Sein Film passte wunderbar in einen üppigen Goldrahmen. Dieser hatte unten ein kleines ovales Metallschild, auf das der Name des Werks eingraviert wurde: „Verkaufstrainer in freier Wildbahn". Es war das erste Werk in Lukas Ks ganz privater Slapstick-Galerie. Er wollte ab sofort noch mehr von diesen Filmen haben und freute sich regelrecht auf seinen nächsten Fauxpas. Die Selbstvorwürfe waren verschwunden und die verlorene Chance im Verkaufsgespräch verlor hinsichtlich Ks Zukunft an negativem Einfluss.

Probieren Sie die **Slapstick-Galerie** einmal aus, wenn Sie sich das nächste Mal ärgern und von Selbstvorwürfen belastet werden:

1. Machen Sie sich Ihre Selbstvorwürfe bewusst. Was sagt Ihre innere Stimme?
2. Stellen Sie sich Kasperle mit der Klatsche vor, der immer noch eins obendrauf gibt.
3. Lassen Sie den gutmütigen König auftreten, der Ihnen großzügig vergibt und Sie in Ihre Slapstick-Galerie einlädt.
4. Suchen Sie sich einen schönen Bilderrahmen aus.
5. Dort hinein projizieren Sie Ihren Film, den Sie mit ein paar komischen Details verändern dürfen.
6. Nun noch einen oscarwürdigen Titel für das Werk auswählen.
7. Nehmen Sie Abstand und genießen Sie Ihr Werk von weitem.

Übrigens bezeichnet der Begriff „Slapstick" eine uralte Theaterrequisite, die in der italienischen Commedia dell'arte verwendet wurde und uns noch vom Kasperletheater bekannt ist: Die Pritsche des Narren, die großen Lärm erzeugt, aber keine ernsthaften Schmerzen zufügt. Sie besteht aus zwei aneinanderliegenden Latten, die bei einem vorgetäuschten Schlag einen lauten Knall erzeugen.

Slapstick ist eine spezielle Form der Komödie, bei der ausgelassene Handgreiflichkeiten ganz ohne Worte (schließlich war der Tonfilm noch nicht erfunden) Komik erzeugen. Berühmte Beispiele zeigen immer wieder das Ausrutschen auf einer Bananenschale, das Werfen von Sahnetorten sowie gegenseitiges „Verprügeln", bei dem aber niemand wirklich zu Schaden kommt. Die Blütezeit des Slapsticks war Anfang des 20. Jahrhunderts – mit Charlie Chaplin, Laurel & Hardy (Dick und Doof) und Buster Keaton. Sie alle zeigten, wie dicht Schmerz und Komik beieinanderliegen können. Im Film *The butcher boy* (1917) zum Beispiel bekommt Buster Keaton einen

Mehlsack auf den Kopf, wird von einem Hund gebissen und mit Sirup beschmiert – und das Publikum findet es rasend komisch.

Die hier vorgestellte Methode Slapstick-Galerie verdient ihren Namen demnach doppelt: Sie stoppt erstens die eigene Selbstbestrafung mit dem Slapstick der Selbstvorwürfe. Zweitens ermöglicht sie Ihnen, unangenehme Situationen neu zu interpretieren, nämlich im Genre des Slapstick. Außerdem üben Sie sich darin, unangenehme Situationen mit Abstand zu betrachten und auch einmal über sich selbst zu lachen. Auf diese Weise verbessern Sie Ihre Stimmung, werden eine Form von vergnügter Leichtigkeit empfinden und können sich entlastet erneut Ihrer Wunscherfüllung widmen. Belastende Erlebnisse lassen Sie einfach in Ihrer Slapstick-Galerie hängen.

In Kürze

Die eigene **Slapstick-Galerie** eröffnen. Diese im Fall von Ärger über sich selbst mit immer neuen komischen Werken füllen – und herzhaft über sich selbst lachen.

5.21 Inspiration: Weg frei für echte Versöhnung

„Die Versöhnlichkeit ist's, was die Liebe bewahret und alle ihre zarten Blüten."

(Jeremias Gotthelf)

Manchmal fühlen wir uns belastet von zurückliegenden Ereignissen. Wir haben unsorgfältig formuliert oder unfair gehandelt und jemanden dabei verletzt. Solche Erlebnisse können das eigene Wohlbefinden negativ beeinträchtigen und Energien binden, die wir eigentlich für die Wunscherfüllung einsetzen könnten. Wir sollten nach Möglichkeit nichts tun, dessen Wiederholung wir uns nicht wünschen, sondern danach streben, jeden Streit so zeitnah wie möglich zu beenden. Stellen wir uns diesen Energieverlust vor, wenn wir Ungeklärtes durch unsere Tage und Wochen schleppen. Und man holt, was man in Jahren versäumt hat, nicht in Stunden auf. Vielleicht haben wir sogar versucht, uns zu entschuldigen, aber richtig aus der Welt ist die Sache noch nicht. Hier deshalb eine kleine Differenzierung des Wortes „Entschuldigung".

Oftmals nehmen wir die „Entschuldigung" selbst in die Hand, indem wir sagen: „Ich entschuldige mich" oder „Entschuldigung" – oder ganz cool: „Sorry". Eine solche Entschuldigung gibt demjenigen, dem Schaden zugefügt wurde, nicht mehr viel Wahl. Ob echte Versöhnung stattfindet, ist fraglich. Eine Klientin erzählte mir von ihrer Resignation darüber, dass ihr Mann sein halbherzig dahin genuscheltes „Tschuldigung" auch noch in vorwurfsvollem Ton zum Besten gab und von sich aus nicht das Geringste dazu beitrug, um eine echte Versöhnung zu erreichen. Damit wir uns selbst und unsere Mitmenschen erleichtern können, um frei zu sein, uns um das zu kümmern, was uns wichtig ist, möchte ich zu echter Versöhnung ermutigen.

Die einfache Formulierung „Ich bitte um deine Entschuldigung" öffnet das Herz und macht den Weg frei für echte Versöhnung. Eine Win-win-Situation entsteht. Sowohl für denjenigen, dem Schaden zugefügt wurde, als auch für uns, die wir die Angelegenheit zur Klärung bringen. Eine solche Versöhnung erleichtert und schafft neue Energie für die Erfüllung Ihrer Wünsche.

In Kürze

Positive Energie entfachen durch Versöhnung mit Personen, die wir verletzt haben – oder die uns verletzt haben.

5.22 Inspiration: Dranbleiben und durchhalten

„Wer kämpft, kann verlieren. Wer nicht kämpft, hat schon verloren."

Bertolt Brecht

Wie können wir lernen, intensiv bei der Sache zu bleiben und uns auf unserem Weg nicht ablenken zu lassen? Viele Menschen klagen darüber, dass sie nur schwer Prioritäten setzen können und dass sie lieber mit etwas Neuem beginnen, als sorgfältig etwas zu Ende zu bringen. Hartnäckigkeit und Durchhaltevermögen sind Tugenden, die heute etwas in den Hintergrund geraten sind. Sie werden durch Eigenschaften wie Talent oder soziale Kompetenz verdrängt. Doch Zähigkeit und Konsequenz sind mindestens ebenso wichtig, wenn nicht wichtiger als das Talent. Die gute Nachricht: Konzentration und Durchhaltevermögen lassen sich durchaus trainieren.

Wir können zwei Situationen unterscheiden, die uns auf dem Weg zur Wunscherfüllung negativ beeinflussen können.

- Situation 1: Wir selbst sind nicht hundertprozentig bei der Sache, wenn wir etwas tun.
- Situation 2: Wir werden durch andere Menschen oder Ereignisse unterbrochen.

Dabei machen beide Situationen nicht besonders glücklich. Dagegen wird ein Zustand als beglückend erlebt, der auch als „Flow" bezeichnet wird. Der englische Begriff Flow, der wörtlich übersetzt „fließen" oder „strömen" heißt, beschreibt den mentalen Zustand völliger Konzentration und Aufgehens in einer Tätigkeit, die wie von selbst geht. Wie können wir bei der Realisierung unserer Wünsche im Flow bleiben und der Ablenkung durch sich selbst und andere trotzen?

Immer mehr Menschen klagen über zu viel Ablenkung. Es gibt unendlich viele Möglichkeiten, sich ablenken zu lassen. Zu Hause, bei der Arbeit, online wie offline. Schnell mal noch die Mails checken oder doch noch die Spülmaschine ausräumen, anstatt sich um die wirklich wichtige Sache des Tages zu kümmern. Machen Sie doch mal ein kurzes Selbstexperiment: Fragen Sie sich mehrmals am Tag – oder auch jetzt, während Sie lesen: Was mache ich eigentlich gerade? Wie geht es mir dabei? Und: Denke ich gerade an etwas anderes als an das, was ich gerade tue? Eine bemerkenswerte Studie der Harvard-Universität befragte im gleichen Stil per Smartphone-App 5.000 Menschen aus 83 Ländern. Fast die Hälfte der Teilnehmer war in dem Moment der Befragung nicht bei der Sache und dabei unglücklicher als diejenigen, die voll konzentriert waren.

Dieser unglückliche Zustand lässt sich plausibel erklären: Stellen wir uns vor, dass wir gerade in eine wichtige Analysearbeit bezüglich unseres Wunsches nach Beförderung vertieft sind. Schon hat unser Büronachbar mal wieder eine dringende Frage, die angeblich keinen Aufschub duldet. (Der Büronachbar kann auch durch die piepsende Spülmaschine ersetzt werden, die ausgeräumt werden möchte, oder durch die Sametime-Nachricht der Kollegin, die blinkend am Bildschirmrand aufleuchtet.) Wir sind ja nett und helfen natürlich gerne. Leider müssen wir dafür unsere konzentrierte Arbeit unterbrechen. Einige Zeit später, nachdem wir den Kollegen unterstützt haben, geht es mit unserer Arbeit weiter. Allerdings wissen wir nicht mehr genau, wo wir gerade in den Unterlagen waren. Der wichtige Gedanke, der uns kurz vor der Störung beschäftigt hat, ist weg und die letzten Sätze müssen wir in jedem Fall nochmals durchlesen, bevor wir wieder richtig in der Materie drinstecken. Kurze Zeit später kommt das Telefonat eines Kunden mit der Bitte um ein dringendes Angebot. Und das Ringen um den fokussierten Wiedereinstieg in unsere wichtige Arbeit beginnt von neuem. Am Ende unseres Tages haben wir schließlich für unsere Arbeit ungleich länger gebraucht als eigentlich geplant. Die Unterbrechungen und insbesondere die durch die Unterbrechungen benötigte erneute Aufrüstzeit kosten wertvolle Zeit und Energie. Oft können wir unser Vorhaben nicht abschließen. Das macht unzufrieden. Dieser Effekt ist auch bekannt als „Sägeblatteffekt“:

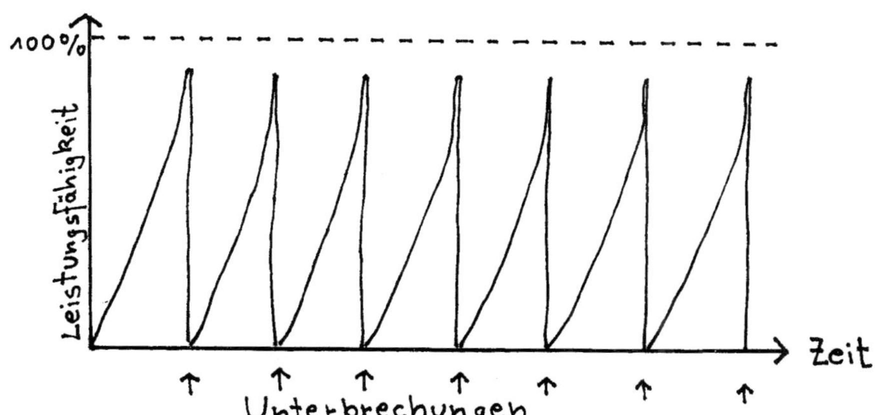

Das Gegenteil von Unterbrochenwerden und planlosem Abdriften ist ungestörte Aufmerksamkeitsfokussierung. Aufmerksamkeitsfokussierung beschreibt die Fähigkeit und Möglichkeit, unseren inneren Scheinwerfer auf ein Ziel zu richten und für unser Ziel ungestört zu denken und zu handeln. Aufmerksamkeitsfokussierung und Konzentration lassen sich trainieren. Abgrenzung für störungsfreies Arbeiten lässt sich einrichten.

Wir sollten Rückschläge und Störungen nicht ohne weiteres hinnehmen. Denn beim ersten Rückschlag verfliegt die Begeisterung. Und wenn wir stehen bleiben, verlässt uns der Antrieb. Bald finden wir wunderbare Ausreden, das gerade Begonnene wieder fallen zu lassen, den Englischkurs zu schwänzen oder den gerade begonnenen Job zu wechseln. Es hängt natürlich von unseren Wünschen und Zielen ab, ob wir die Grenze zwischen Träumerei und Meisterschaft überhaupt überschreiten wollen. Aber allzu oft üben wir Verrat an unseren Herzenswünschen und Talenten. Wir bleiben weit zurück, hinter dem, was wir wirklich erreichen könnten. Diffuse Unzufriedenheit oder Frust über das eigene seichte Mittelmaß quälen uns mitunter wie ein Schatten, der sich nicht abschütteln lässt, und wir versuchen uns zu beruhigen: „Ist ja nicht so wichtig, herausragend zu sein." Wir verkennen dabei, dass das Bewusstsein, in irgendeiner Fähigkeit besser zu sein als der Durchschnitt, eine der wichtigsten Quellen für Selbstachtung und Lebensglück ist.

Unten finden Sie 15 erprobte Strategien, die dabei helfen können, an der Realisierung eines Wunsches dranzubleiben. Wenn wir etwas wirklich lernen und beherrschen und zur Meisterschaft entwickeln wollen, müssen wir uns als Erstes eingestehen: Der Weg dorthin kann lang und schwierig sein. Es gibt keine Abkürzungen und Zaubertricks. Wollen wir seröse Kompetenz erwerben, dann setzt dies fleißiges, ausdauerndes Üben und Wiederholen auf niedrigem Niveau voraus: Unregelmäßige Verben pauken, den Tanzschritt oder die Snowboardbewegung hunderte Male im Training erproben, an Texten feilen, das Kochrezept durch Wiederholung zur Perfektion bringen. Dabei sollten wir das Ziel, also den Wunsch im Erfüllungsstatus, niemals aus den Augen verlieren. Außerdem dürfen wir das hilfreiche und vielfach belächelte Motto an vielen Wänden von Fitnesscentern „Go hard or go home" beherzigen: Mach es richtig oder gar nicht. Geh an die Grenze und überschreite sie vielleicht auch einmal.

Überprüfen Sie auch immer wieder Ihre Betrachtungsweise auf dem Weg zu Ihrer Wunscherfüllung. Nehmen wir das Beispiel eines Marathonläufers: Ein Marathonläufer hat die Wahl. Er kann sich entweder auf die bisher zurückgelegte Strecke konzentrieren, z. B. „Schon 8 Kilometer", oder er kann sich auf die Reststrecke fokussieren: „Noch 34 Kilometer." Ein anderes Beispiel: Eine Englischschülerin kann sich entweder auf den bisher gelernten Stoff von 48 Prozess fokussieren oder auf die 52 Prozent, die noch vor ihr liegen. Beide Betrachtungen haben ihren Charme. In Bezug auf die Realisierung von Wünschen, Aktivitäten und Projekten ist die zweite, zukunftsgerichtete Variante stets die produktivere. Dies belegen mehrere wissenschaftlich fundierte Studien. Variante eins führt zu einem voreiligen Erfolgserlebnis. Variante zwei lässt uns die Zielerreichung realistischer einschätzen, was Energie und Motivation freisetzt. Dabei sollten wir es nicht versäumen, den Weg zum Ziel zu genießen. Der Marathonläufer macht von der Trainingsstrecke ein paar Fotos für sich selbst und die Lieben daheim. Die Englischschülerin flirtet mit ihrem Englischlehrer – auf Englisch natürlich.

Zu guter Letzt empfiehlt sich ein Durchhalte-Mantra. Als persönlicher Mutmacher im Gedächtnis abgespeichert, hilft ein Mantra ungemein beim täglichen Tun im Fall von Zweifel, Antriebsschwäche und Unsicherheit. Eine Inspiration hierfür hält der erfolgreiche, liebens- und sehenswerte Animationstrickfilm *Findet Nemo* bereit: Die an Gedächtnisschwund leidende Fisch-Dame Dori empfiehlt dem Clownfisch-Vater Marlin, der sich auf der schier aussichtslosen Suche nach seinem kleinen Sohn Nemo befindet und einen herben Rückschlag zu verkraften hat: „Weißt du, was du tun musst, wenn du frustriert bist? Einfach schwimmen, einfach schwimmen, einfach schwimmen, schwimmen, schwimmen!" Für den Marathonläufer heißt das Motivations-Mantra, wenn der Mann mit dem Hammer kommt (Sportlerjargon für ein plötzliches Leistungstief), also: „Einfach laufen, einfach laufen, einfach laufen, laufen, laufen." Für die Englischschülerin, wenn allzu viele süße Ablenkungen locken: „Einfach lernen, einfach lernen, einfach lernen, lernen, lernen."

Unsere Ausdauer wird sich ganz bestimmt lohnen: Denn wenn man sich über längere Zeit mit etwas beschäftigt, sich selbst überwindet und über sich selbst hinauswächst, entstehen Expertentum und wahrhaftige Begeisterung.

Wie man ausdauernd wird

1. **Das innere Feuer entfachen:** Wir nehmen bereitwilliger Anstrengungen auf uns, wenn wir für unsere Sache „Feuer gefangen" haben. Stellen Sie deshalb sicher, dass Ihre Wunscherfüllung in Ihnen echte Begeisterung auslöst. Vielen Menschen hilft es, wenn sie sich den erfüllten Wunsch oder das Endziel täglich ganz konkret vorstellen und sich daran erfreuen.
2. **Optimismus pflegen:** Optimismus und der Glaube an sich selbst helfen ungemein, an einer Sache dranzubleiben. „Ich bin begeistert, wenn ich daran denke, dass sich mein Wunsch am Ende erfüllen wird."
3. **„Irgendwas ist immer" überwinden:** Sich bewusst machen, dass immer irgendetwas ist: Das Wetter ist nicht optimal, man ist ein bisschen müde, es kommt etwas dazwischen. Hier hilft nur, sich selbst zu überwinden. Jeden Tag. Immer wieder.
4. **Klein und regelmäßig starten:** Fangen Sie klein an, dafür unnachgiebig regelmäßig: Wenn Sie Ihre Gesundheit verbessern möchten, essen Sie täglich sechs Wochen lang einen Apfel, anstatt 3 Tage Radikaldiät zu machen. Wenn Sie eine Sprache lernen wollen, lernen Sie täglich eine Vokabel – anstatt einmal pro Woche 50. Der Rest kommt von allein – ausgelöst durch viele kleine Erfolgserlebnisse.
5. **Von den Besten lernen:** Wirklich gut sind nur diejenigen, die extrem viel geübt haben. Auf die Wunscherfüllung bezogen heißt das: sich auf seinen wichtigsten Wunsch konzentrieren und möglichst oft etwas für seine Erfüllung tun.
6. **Erreichbare Zwischenziele setzen:** Sich schnell zu erreichende Zwischenziele definieren und richtig dosieren. Es kommt darauf an, sich seine Zwischenziele so zu setzen, dass sie auch wirklich erreichbar sind.
7. **Reflektieren und schreiben:** Sich jeden Abend hinsetzen und sein Wunsch-Log führen, sich selbst Rechenschaft ablegen: Was ist mir gut gelungen? Was könnte ich nächstes Mal noch besser machen?
8. **Täglich eine Stunde investieren:** Wenigstens eine Stunde am Tag ohne jegliche Ablenkung das tun, was für die Wunscherfüllung wichtig ist.
9. **Andere Dinge sein lassen:** Das bedeutet, zu lernen, sich auch einmal gegen etwas zu entscheiden. Ohne schlechtes Gewissen. Wir sagen „ja" zu unserem Wunsch und „nein" zu etwas anderem. Wir sagen: „Jetzt nicht, gerne später", und setzen unsere Arbeit fort.

10. **Unterscheiden lernen:** Oftmals sind es die kurzfristig lockenden Belohnungen, die uns von unseren eigentlich geplanten Vorhaben abbringen. Beispiel: Sonntags länger schlafen (= kurzfristiger Genuss) anstelle der morgendlichen Joggingrunde durch den taunassen Park bei Vogelgezwitscher.
11. **Experte werden:** Sich bewusst machen, dass der faszinierendste Aspekt einer Sache oft erst dann zu Tage tritt, wenn man sich über längere Zeit mit ihr befasst hat.
12. **Sich unterstützen lassen:** Sich Menschen suchen, die einem helfen, dranzubleiben, und die einem helfen, nach einer Niederlage wieder aufzustehen.
13. **Ein Durchhalte-Mantra haben:** Sich ein ganz einfaches Mantra einprägen, das vor allem in Zeiten von großer Müdigkeit und Frust hilft, den Weg zur Wunscherfüllung weiterzugehen. Alle anderen selbstkritischen Fragen bitte ausblenden.
14. **Offline sein:** Der rasenden Informationsflut der elektronischen Medien, die uns durch viel zu viel Input überwältigt, widerstehen und für die Wunscherfüllung regelmäßig offline sein.
15. **Sich gehen lassen:** Sich nach der Anstrengung auch genussvolle Pausen im Modus „streunender Geist“ und „Hängematte“ gönnen. Denn unser Wille, der uns beim Dranbleiben hilft, ist wie ein Muskel, der sich regelmäßig entspannen möchte.

Entschlossenheit, engagierte Arbeit und Durchhaltewillen, die für die Wunscherfüllung investiert werden müssen, werden oft unterschätzt. Viele von uns glauben dann doch lieber an die plötzliche Eingebung oder den Geniestreich oder den Kuss der Muse. Vieles auf dem Weg ist harte Arbeit und verlangt uns Selbstdisziplin ab. Aber es lohnt sich, sich selbst für seinen Herzenswunsch zu überwinden und die Früchte seiner Konsequenz eines Tages beglückt und mit einem Freudensprung ernten zu können.

In Kürze

Den Willensmuskel stärken, denn Konzentration und Durchhaltevermögen sind nicht angeboren. Durchhalten mit dem Schwung eines gelungenen Startes, mit der Hilfe unseres inneren Feuers und regelmäßigem Engagement für die Wunscherfüllung.

5.23 Inspiration: Wie man Hindernisse für die Wunscherfüllung nutzbar macht

„Auch aus Steinen, die einem in den Weg gelegt werden, kann man Schönes bauen."

(Johann Wolfgang von Goethe)

Wer seine Wünsche in rosaroten Farben ausmalt und mögliche Hindernisse vollständig ausblendet, lässt einen Teil seiner Energie verpuffen und sich vielleicht von Schwierigkeiten entmutigen. Deshalb kann es hilfreich sein, sich sehr bewusst und ehrlich mit dem auseinanderzusetzen, was bei der Wunscherfüllung hinderlich sein könnte. Auf diese Weise können Sie erkennen, was Sie tatsächlich hindert. Denn vielfach sind uns diese Hindernisse nicht bewusst.

BEISPIEL

Eine berufstätige Frau mit einem Kind, die sich vorgenommen hat, eine Weiterbildung zu absolvieren, um nach der Babypause beruflich weiterzukommen, hatte Probleme, sich am Wochenende auf ihre Hausaufgaben zu konzentrieren. Sie ließ sich immer wieder ablenken, was sie sehr unzufrieden machte. Fast hätte sie die Weiterbildung abgebrochen. Dann begann sie, die Hindernisse zu notieren, die sie davon abhielten, konzentriert ihre Hausaufgaben zu bearbeiten. Auf der Liste waren folgende Störfaktoren zu lesen:

- Haushalt
- Kochen
- Spielen mit dem Sohn
- Aufräumen
- Telefonate
- Verabredungen mit Familie und Freunden.

Als die Frau sich überlegte, *wofür* sie sich durch all diese Dinge ablenken ließ, wurde ihr bewusst, dass es nicht äußere Störfaktoren waren, die sie hinderten. Vielmehr war es der eigene Anspruch an sich selbst, neben der Weiterbildung auch noch die perfekte Mutter, Hausfrau, Freundin und Familienfrau zu bleiben. Das eigentliche Hindernis waren also nicht die externen Störfaktoren, sondern der Anspruch an sich selbst, allen Rollen gerecht werden zu müssen. Daraufhin überprüfte sie nochmals ganz genau, ob sie sich die Weiterbildung wirklich wünschte. Als sie sich intensiv vorstellte, wie es wäre, wenn sich ihr Wunsch erfüllt hätte, empfand sie großen Stolz und Freude. Deshalb hielt sie an ihrer Wunscherfüllung fest und konnte nun besser Prioritäten setzten.

Sie besprach ihre Erkenntnisse mit ihrem Partner und bat ihn um Unterstützung, die er ihr gerne gewährte. Nun hatte sie erstens das Hindernis erkannt und sich zweitens Unterstützung organisiert. Sie formulierte sich nun folgende Sätze, in denen das Hindernis clever zur Wunscherfüllung genutzt wird:

- „Sobald ich die Unordnung im Haus sehe, denke ich mit Freude an meine Weiterbildung und setze mich für 30 Minuten an meine Hausaufgaben."
- „Sobald Zeit ist, das Essen vorzubereiten, denke ich mit Freude an meine Weiterbildung und bitte meinen Partner zu kochen und meinen Sohn, beim Tischdecken zu helfen."
- „Sobald mein Sohn mich bittet, mit ihm zu spielen, denke ich mit Freude an meine Weiterbildung, spiele genüsslich und bewusst eine halbe Stunde mit ihm und setze mich anschließend an meine Hausaufgaben."

Wenn Sie sich mit Hilfe der Ihnen im Weg stehenden Hindernisse Ihren Wünschen nähern möchten, können Sie folgendermaßen vorgehen:

1. Führen Sie sich Ihren Wunsch vor Augen und stellen Sie sich vor, wie es wäre, wenn dieser Wunsch erfüllt wäre.
2. Notieren Sie alles, was Sie gewöhnlich daran hindert, Ihrem Wunsch näher zu kommen.
3. Überlegen Sie sich, *wofür* Sie sich von alldem hindern lassen.
4. Überprüfen Sie nun noch einmal, ob Sie Ihre bisherige Wunscherfüllung wirklich wollen oder ob der Wunsch vielleicht doch zu utopisch formuliert war. Formulieren Sie den Wunsch nach reiflicher Überlegung gegebenenfalls um.
5. Suchen Sie sich gegebenenfalls Unterstützung von Menschen, die Ihnen wohlgesonnen sind.
6. Formulieren Sie nun Ihren Satz nach folgendem Schema:

Sobald (Hindernis notieren) ________________________________,

denke ich mit Freude an (Wunscherfüllung notieren) ____________________

und (Aktion zur Wunscherfüllung möglichst konkret notieren: Was, wann, wo, mit wem) ________________________________

____

Beispiel für den Wunsch „Bessere Beziehung zu meiner Mutter“:

Sobald (Hindernis notieren) *meine Mutter am Telefon wieder beginnt, über ihre Krankheiten zu jammern,*

denke ich mit Freude an (Wunscherfüllung notieren) *unser enges und liebevolleres Verhältnis*

und (Aktion zur Wunscherfüllung) *höre ihr mit großer Anteilnahme zu.*

Beispiel für den Wunsch „Besseres Verhältnis zu meinem Vorgesetzten“:

Sobald (Hindernis notieren) *mein Chef beginnt, mich zu kritisieren,*

denke ich mit Freude an (Wunscherfüllung notieren) *unsere konstruktiver gewordene Zusammenarbeit,*

und (Aktion zur Wunscherfüllung) *bedanke mich für die Rückmeldung und stelle eine weitere vertiefende Frage zu seinen Erfahrungen.*

Beispiel für den Wunsch „Berlin-Marathon im nächsten Jahr geschafft“:

Sobald (Hindernis notieren) *ich die nächste Ausrede parat habe, wieso ich nicht laufen gehen kann,*

denke ich mit Freude an (Wunscherfüllung notieren) *meine Medaille*

und (Aktion zur Wunscherfüllung) *ziehe die Laufschuhe an und gehe joggen.*

Wenn wir etwas nicht schaffen, haben wir vielleicht noch nicht den richtigen Grund gefunden, der uns tatsächlich daran hindert. Der Grund kann diffus sein, zum Beispiel eine Angst, die wir nicht präzise benennen können. In diesem Fall kann es hilfreich sein, sich mit dieser Angst eingehender zu beschäftigen. Diffuse Ängste oder Unsicherheiten können ihre lähmende Kraft verlieren, wenn wir sie genauer betrachten und uns nah an sie heranwagen. Wenn Kunden in Trainings, Coachings oder Teamentwicklungen über Hinderungsfaktoren sprechen, zum Beispiel davon, in einer Verhandlung zu versagen oder einen Konflikt nicht lösen zu können, verwende ich gerne das Bild des Scheinriesens als Symbol für diffuse Hinderungsfaktoren. In Michael Endes berühmtem Kinderbuch *Jim Knopf und Lukas der Lokomotivführer* verirren sich Jim und Lukas in der Wüste „Ende der Welt“. Dort bemerken sie am Horizont eine riesige Gestalt. Jim ist verängstigt, aber als Lukas vorangeht, folgt er ihm mit zitternden Knien und wagt es, genauer hinzusehen. Als sie der Gestalt immer näher kommen, erweist sich der „Riese" als ein Mann von ganz normaler Größe, der sich als „Herr Tur Tur" vorstellt. Herr Tur Tur ist ein Scheinriese und erläutert ihnen seine Besonderheit: Je näher man ihm kommt, desto normaler wird seine wahrgenommene Größe. Obwohl ihn andere durch seine scheinbare Riesenhaftigkeit mit Angst wahrnähmen, sei er eigentlich ein sehr friedlicher und geselliger Mensch. Am Ende des Treffens beweist der Scheinriese Tur Tur seine Freundlichkeit, indem er Jim und Lukas hilft, den Weg aus der Wüste zu finden. So entpuppt sich der zunächst furchteinflößende Riese als nur scheinbarer Riese. Ein Scheinriese, der immer größer wird, je weiter er sich entfernt, und immer kleiner, je näher er kommt. Bezogen auf diffuse Hindernisse und Befürchtungen können wir aus dieser Geschichte lernen, genauer hinzusehen. Denn vielleicht will uns der Scheinriese in Tat und Wahrheit bei unserer Wunscherfüllung behilflich sein.

Für den Fall, dass ein diffuses Hindernis Sie ernsthaft von der Wunscherfüllung abhält, möchte ich Sie einladen, genauer hinzusehen. Treten Sie mit dem Hindernis in Dialog, indem Sie fragen: „Ich möchte dich besser kennenlernen: Wer oder was bist du? Was möchtest du mir sagen? Was möchtest du mir mit auf meinen Weg geben? Unter welchen Umständen würdest du mir helfen, meinen Wunsch in Erfüllung gehen zu lassen?" Auf diese Art und Weise werden Sie sich noch besser kennenlernen. Denn nur, wenn wir Hindernisse beachten und sie aktiv in unser Leben einbeziehen, können wir an ihnen wachsen und sie am Ende überwinden.

In Kürze

Hindernisse nutzen, um mit unseren wahren Wünschen in Kontakt zu kommen. Hindernisse als Startsignale für Wunscherfüllungsaktionen ansehen.

5.24 Inspiration: Das innere Team zur Wunscherfüllung nutzen

„Willst du richtig sehen lernen, schau erst mal in dich hinein."

(Hans-Christoph Neuert)

Was immer wir uns wünschen, was immer wir wollen und entscheiden, unsere inneren Stimmen äußern sich dazu. Das hat nichts mit Schizophrenie zu tun. Die inneren Dialoge, die in jedem Menschen bewusst oder unbewusst ablaufen, werden von Persönlichkeitsanteilen geführt. Diese repräsentieren die normale Vielfalt unserer Psyche. Der Psychologieprofessor Friedemann Schulz von Thun spricht hierbei vom *inneren Team* (Schulz von Thun, 2004). Doch dieses zieht nur selten an einem Strang. Die Meinungsverschiedenheiten unter den inneren Teammitgliedern können uns sehr belasten. Auch bei der Wunscherfüllung geben sie womöglich ihren Senf dazu. Ob in Alltagssituationen („Soll ich mir dieses Paar Schuhe kaufen?"), bei herausfordernden Aufgaben („Ist diese Arbeitsqualität schon gut genug?"), bei wichtigen Entscheidungen („Soll ich den unbefriedigenden Job kündigen?") oder in Konfliktsituationen („Soll ich meine Freundin zur Rede stellen?"). Sie machen uns Angst, treiben uns an, kritisieren uns und manchmal loben und ermutigen sie uns auch.

So unterschiedlich diese Stimmen auch sein mögen, sie haben alle eines gemeinsam: Sie meinen es gut mit uns und entstehen mit dem Ziel, uns bei der Anpassung an körperliche, seelische und soziale Bedürfnisse zu helfen. Im Interesse der Wunscherfüllung kann es hilfreich sein, seine inneren Teammitglieder einmal kennenzulernen und sie zu befragen, was sie davon halten, wenn unser Wunsch sich tatsächlich erfüllt.

Spielen wir dies am Beispiel „Beförderung" durch. Angenommen, es wäre Ihr Wunsch, einen Karrieresprung zu machen. Welche Stimmen melden sich zu Wort? Eine Stimme, z. B. der innere Mentor, sagt vielleicht: „Das schaffst du und außerdem hast du es wirklich verdient!" Doch es gibt weitere Stimmen, z. B. die Mütterliche, die sagt: „Pass auf, dass du dich dabei nicht überarbeitest und krank wirst!" Oder der Kritiker, der einwendet: „Findest du nicht, dass es nun langsam mal genug ist mit der Abhängigkeit von Anerkennung durch deine Vorgesetzten?" Da kann auch noch der Vernünftige sein, der empfiehlt: „Eigentlich bist du für eine Beförderung schon zu alt, außerdem gibt es aussichtsreichere Kandidaten als dich. Lass es lieber sein, das erspart dir Enttäuschung."

Wie kann es uns gelingen, das innere Team für die Wunscherfüllung zu begeistern? Denn wenn unsere inneren Saboteure die Oberhand behalten, wird es schwierig. Dann wird unsere Energie für die Wunscherfüllung dafür gebraucht werden, die inneren Stimmen zu besänftigen oder gar zu unterdrücken. Und das mögen sie gar nicht. Die Teammitglieder wollen gehört werden, denn eigentlich meinen sie es gut mit uns. Wie können wir uns in Bezug auf unsere Wunscherfüllung in eine Haltung hineinversetzen, die alle inneren Teammitglieder willkommen heißt? Folgende fünf Schritte, in Stichworten schriftlich ausgeführt, sind hierfür zu empfehlen:

1. Stellen Sie sich möglichst plastisch vor, Sie sind das Oberhaupt Ihres inneren Teams, ähnlich wie ein Klassenlehrer, eine Sitzungsleiterin oder ein Parlamentsvorsitzender.
2. Bitten Sie nun alle inneren Teammitglieder, ihre Ansichten zur Wunscherfüllung zu äußern, auch die unangenehmen.
3. Sie als Oberhaupt identifizieren nun die Teammitglieder und benennen sie: Wer spricht da? Der Mentor? Die Mütterliche? Das Kind? Die Kritikerin? Der Traditionalist? Die Ängstliche? Der Antreiber? Der Väterliche? Die Unterstützerin?
4. Nun wird das Team in drei Parteien strukturiert: die Wunschunterstützer, die Wunschgegner und die Wunschneutralen. Gibt es mehr Unterstützer oder mehr Gegner?
5. Sprechen Sie jetzt über Ihren Wunsch und fragen Sie jedes Teammitglied einzeln, was passieren müsste und was es brauchen würde, damit es Ihren Wunsch vollumfänglich unterstützt. Zum Schluss können Sie fragen, ob jedes einzelne Teammitglied die Wunscherfüllung unterstützen würde.

Es ist hilfreich, den inneren Dialog auf einem Blatt Papier zu visualisieren. Am Ende dieses gesteuerten inneren Dialogs haben Sie einen guten Eindruck davon, was wirklich in Ihnen vorgeht. Man ist den inneren Stimmen nicht mehr ausgeliefert, sondern kann ihre gut gemeinten Ratschläge aus der Position des Oberhaupts heraus anhören und schließlich bewerten. Vielleicht ist ja der ein oder andere wertvolle Tipp dabei, wie Sie Ihrer Wunscherfüllung ein Stück näher kommen. Gut, wenn man seine innere Mannschaft kennt und einen guten Kontakt zu den einzelnen Spielern pflegt.

In Kürze

Unserem klugen inneren Team und allen Teammitgliedern Gehör schenken. Sich für die Wunscherfüllung Tipps geben lassen und alle Mitglieder zum Mitkommen einladen.

5.25 Inspiration: Warum man auf dem Weg zur Wunscherfüllung Pausen machen sollte

„Nichts bringt uns auf unserem Weg besser voran als eine Pause."

(Elisabeth Barett Browning)

Unser Wille ist wie ein Muskel: Bei Überanstrengung macht er schlapp, wie Studien von Roy Baumeister und seiner Kollegin Kathleen Vohs zeigen. In einem schon legendären Experiment baten die beiden Psychologen Versuchspersonen in einen Raum mit frisch gebackenen und herrlich duftenden Keksen und einer Schüssel Radieschen. Eine Hälfte der Probanden durfte Kekse essen so viel sie wollte, die andere Hälfte musste Radieschen anstatt Kekse essen. Im Anschluss wurde den Probanden eine Denkaufgabe präsentiert – und zwar eine unlösbare Aufgabe. Ergebnis: Die Versuchsteilnehmer, die keine Kekse essen durften und stattdessen Radieschen bekommen hatten, gaben im Schnitt nach acht Minuten auf. Die anderen, denen zuvor keine Selbstbeherrschung abverlangt wurde, knobelten durchschnittlich fast 20 Minuten, also mehr als doppelt so lange. Baumeister schloss daraus, dass Selbstkontrolle – also die bewusste Steuerung unseres Willens – eine echte Kraftanstrengung ist, deren Ressourcen limitiert sind. Daraus lässt sich folgern: Gönnen Sie sich Zeit zum Verschnaufen, lassen Sie den „Willens-Muskel" entspannen.

Echte Pausen haben eine wunderbar belebende Wirkung und einen erfrischenden Effekt auf unsere Leistungspotenziale. Leider nehmen wir uns im Alltag oftmals zu wenig Zeit für bewusste und stärkende Pausen. Stattdessen quetschen wir weitere Termine wie Business-Lunchs oder Einkaufen oder Leistungssport in unsere Pausenzeiten hinein, die dann zu Pseudopausen ohne Erholungseffekt geraten. Wir überhören die „Mach-mal-Pause"-Signale unseres Körpers und setzen unsere Aktivitäten pflichtbewusst fort. Anschließend fühlen wir uns müde und erschöpft und versuchen, unsere Energiereserven z. B. mit einem Übermaß an Kaffee, Alkohol, Rauchen oder Essen wieder aufzuladen. Wenn wir es schaffen, die Signale unseres Körpers nach einer Pause wahrzunehmen, und danach handeln, werden wir auf dem Weg zur Wunscherfüllung leichtfüßiger, kreativer, freudvoller und leistungsfähiger, weil sich der „Willens-Muskel" entspannen konnte.

Leider sind viele von uns im Alltag sehr fremdbestimmt und freie Zeiteinteilung ist fast nicht möglich. Oder wir setzen uns selbst unter Druck. Wir beschäftigen uns zwanghaft mit der Aufgabe, die vor uns liegt und arbeiten einfach weiter. Unser innerer Projektleiter befiehlt uns, nicht zu trödeln und stattdessen weiterzumachen. Wir verpassen wertvolle Chancen für kurze Erholungsphasen, in denen die innere Erneuerung stattfindet. Mit Hilfe einiger einfacher Methoden können wir schöpferische und regenerierende Pausen in unseren Alltag einbauen.

Hier eine Idee für echte, regenerierende Pausen, mit der Sie Ihre Lebensqualität und Ihre Potenziale nachhaltig steigern können:

1. Nehmen Sie die Mach-mal-Pause-Signale Ihres Körpers wahr
   - Das Gefühl, sich recken, umherlaufen oder eine Pause machen zu wollen
   - Gähnen oder seufzen
   - Sie stellen fest, dass Sie trödeln und nicht mehr effizient sind
   - Ihr Körper fühlt sich verspannt oder erschöpft an
   - Sie bekommen Hunger oder Durst
   - Sie stellen fest, dass Sie zum WC müssen
   - Sie stellen fest, dass Sie sich nicht mehr gut konzentrieren können, und haben leichte Gedächtnisstörungen
   - Sie fühlen sich „daneben", deprimiert oder verletzlich
   - Sie machen Flüchtigkeitsfehler
   - Sie haben den plötzlichen Drang, mit einem Freund zu reden

2. Gönnen Sie sich nun eine Pause und genießen Sie den nun beginnenden Regenerationsprozess ohne Selbstvorwürfe, sie seien schwach, weil sie eine Pause brauchen.

3. Wenn Sie Hunger haben, sollten Sie einen kleinen Imbiss zu sich nehmen oder wenigstens ein Glas Wasser trinken.

4. Recken und strecken Sie sich, genießen Sie eine schöne Aussicht aus dem Fenster oder denken Sie an etwas Schönes.

5. Suchen Sie sich ein ruhiges Plätzchen, wenn möglich mit gedämpftem Licht. Setzen oder – wenn möglich – legen Sie sich bequem hin und entspannen Sie sich, ohne die Entspannung zu erzwingen. Genießen Sie einfach das wohlige Gefühl, das nun in Ihnen aufsteigen wird. Spüren Sie, wie Ihre Atmung ganz von selbst tiefer wird. Sie wissen, dass Sie nun nichts tun müssen, und genießen einfach dieses angenehme Gefühl.

6. Nehmen Sie sich einige Minuten Zeit, lassen Sie sich gehen und genießen Sie es, wie sich Ihr Körper, Ihr Geist und Ihre Seele wie von selbst regenerieren. In dieser Phase sollten Sie sich durch nichts ablenken lassen, sondern einfach Ihrem Atem folgen. Wenn Sie vorwiegend eine sitzende Tätigkeit ausüben, kann ein entspannender Spaziergang eine ähnlich regenerierende Wirkung entfalten.

Wie viel Pause wir brauchen, um anschließend wieder fit zu sein, ist individuell unterschiedlich. Bei den meisten Menschen dauert es zwischen 15 und 20 Minuten, bis sie sich nachhaltig erfrischt und aufgetankt fühlen. Beobachten Sie in der nächsten Woche einmal genau, wann Ihr Körper Ihnen eine Pause signalisiert. Im Durchschnitt passiert das alle 90 bis 120 Minuten. Bauen Sie mindestens zwei vollständige 15–20-minütige Pausen in Ihren Alltag ein. Beobachten Sie, wie sich bewusste Pausen auf Ihre Lebensqualität und Ihre Wunscherfüllung auswirken.

In der Hektik des Alltags lassen sich 15–20-minütige Pausen oft nicht realisieren. Wenn Sie nicht immer die Möglichkeit für diese Pausen haben, können Sie folgende Alternativen ausprobieren. All diese Alternativen haben zum Ziel, etwas Konträres zu ermöglichen, damit sich der „Willens-Muskel" entspannen kann. Der Wechsel macht die Qualität unserer Pausen aus.

- Machen Sie Minipausen von drei bis fünf Minuten, in denen Sie nicht zweckgebunden arbeiten. Wenn Sie z. B. mit Ihren Arbeitskollegen zur Kaffeemaschine gehen, vermeiden Sie es, über das aktuell laufende Projekt zu sprechen. Sprechen Sie über etwas anderes.
- Bauen Sie bewusst Tätigkeiten in Ihren Alltag ein, die Sie in entspannender Weise ablenken, z. B. in Ruhe etwas aufräumen, ein privates Telefonat führen, einmal durchs Büro oder die Wohnung gehen, sich recken und strecken, bewusst durchatmen oder eine leichte, nicht zweckgebundene Routinearbeit erledigen.
- Etwas bewusst anderes tun, um einen Tempowechsel zu erreichen, z. B. sich bewegen nach geistiger Arbeit oder allein sein nach intensiven Kontakten.

Bitte beachten Sie aber, dass Minipausen die echten Pausen nicht ersetzen können, und gönnen Sie sich, wenn möglich täglich echte Regeneration und Entspannung.

In Kürze

Beobachten, wie sich bewusste Pausen auf Lebensqualität und Wunscherfüllung auswirken.

5.26 Inspiration: Zeitreise zu Gesundheit und Wohlbefinden

„Wünschen ist ein Anzeichen von Genesung oder Besserung."

(Friedrich Wilhelm Nietzsche)

Sehr oft, wenn man krank wird, eine negative Diagnose erhält oder man sich nicht recht wohl fühlt, ob körperlich oder seelisch, erkundigt man sich genau darüber. Das Internet hält eine unüberschaubare Menge an fundierten und weniger fundierten Informationen bereit, Experten informieren uns, Menschen mit ähnlichen Erfahrungen teilen sich uns mit. Vielleicht lesen wir auch den Beipackzettel der Medikamente, die wir einnehmen, insbesondere den Abschnitt über die Nebenwirkungen. Außerdem fragt man sich, wie es überhaupt dazu gekommen ist, dass sich die Gesundheit, zumindest zeitweise, aus dem Leben verabschiedet hat. Es gibt auch Menschen, die die Verantwortung für ihr Unwohlsein vollständig an das medizinische Fachpersonal delegiert haben und denen nicht bewusst ist, dass es die eigenen Beiträge sind, die für Wohlsein oder Unwohlsein entscheidend sind. Stattdessen konzentrieren sie sich auf ihre Krankheit, sammeln Indizien einer möglichen Verschlechterung und sprechen über nichts anderes mehr.

Manche bleiben bewusst oder unbewusst mit ihrer Krankheit verhaftet, weil sie durch diesen Zustand gewisse Vorteile erhalten. Eine Erkältung, die eine willkommene und sozial anerkannte Pause vom stressigen Bürojob ermöglicht. Ein chronisches Rückenleiden, das den Betroffenen vielleicht unbewusst davor schützt, endlich Verantwortung für seine Gesundheit zu übernehmen und sich mehr zu bewegen. Schwerhörigkeit, die lästige Geräusche, vielleicht die vom überdrüssig gewordenen Ehepartner ausblendet. Eine Erschöpfungsdepression, die die längst notwendige Entscheidung, im Job kürzerzutreten und bei der Familienarbeit Unterstützung einzufordern, verdeckt. Krankheitsbedingte Hilflosigkeit, die unbewusst gepflegt wird, um Zuwendung zu erfahren. Anhand dieser Beispiele wird deutlich, dass die Abwesenheit von Gesundheit durchaus wichtigen persönlichen Zielen dienen kann. Diese sind den Betroffenen jedoch vielleicht gar nicht oder nur zum Teil bewusst. Wenn sie ihnen bewusst wären, würden sie eine bewusste Auseinandersetzung und wahrscheinlich eine Veränderung der Lebensgewohnheiten mit sich bringen.

Falls einer Ihrer Wünsche mit dem Thema Gesundheit und Wohlbefinden zu tun hat, kennen Sie den Zustand völliger Gesundheit. Ansonsten hätten Sie sich diesen Wunsch gar nicht vorstellen können. Sie wissen, wie gut es sich anfühlt, kraftvoll, energiegeladen, glücklich und mit klarem Geist zu sein. Das sollte unser Normalzustand sein. Der folgende einfache Weg ist eine zusätzliche Hilfestellung zur Wunscherfüllung für Gesundheit und Wohlbefinden, neben gesunder Ernährung, Bewegung, Körperpflege und medizinischer Hilfestellung.

Wenn die körperliche oder die mentale Gesundheit beeinträchtigt ist, macht man sich verständlicherweise Sorgen und erlebt negative Gefühle wie Angst oder Resignation. Aber auch, wenn man mit dem Aussehen des eigenen Körpers nicht zufrieden ist oder mit dem aktuellen Fitnessgrad, vergleicht man sich mit anderen, erlebt sich im Defizit und fühlt sich schlecht. Unzufriedenheit und selbstkritische Gedanken beeinträchtigen unser Wohlbefinden. Die folgende mentale Übung unterstützt uns darin, Gesundheit und Wohlbefinden wieder schneller zu erlangen oder zu erhalten. Egal, ob Sie ernsthaft erkrankt sind oder Ihr Wohlbefinden steigern möchten. Durch die mentale Fokussierung der Gedanken auf Gesundheit und Wohlbefinden weg von Krankheit und Unwohlsein können Durststrecken besser überstanden werden, wird das Durchhaltevermögen gesteigert und der natürliche Gesundungsprozess unterstützt.

Reaktivierung von Gesundheit und Wohlbefinden aus der Vergangenheit

Vergegenwärtigen Sie sich Zeiten, in denen Sie sich vollkommen gesund und wohl gefühlt haben. Erinnern Sie sich an eine konkrete Situation, in der sie vor Gesundheit nur so strotzten. Empfinden Sie Freude und Dankbarkeit, während Sie ganz in diese Situation eintauchen. Falls Gedanken von Bedauern auftauchen sollten, dass es heute nicht mehr so ist, lassen Sie diese vorbeiziehen und kehren Sie zum Gefühl von Glück und Dankbarkeit zurück.

Fokussierung von Gesundheit und Wohlbefinden in der Gegenwart

Fokussieren Sie sich jetzt auf Teile Ihres Körpers und Ihres Geistes, die heute tadellos funktionieren. Durchforsten Sie Ihren gesamten Körper von Kopf bis Fuß, von innen nach außen, und freuen Sie sich an den vielen gesunden Anteilen Ihres Körpers. Falls Ihre Aufmerksamkeit zu dem wandert, das nicht gut in Schuss ist, lenken Sie Ihre Aufmerksamkeit wieder behutsam dorthin, wo es sich gut anfühlt.

Aktivierung von Gesundheit und Wohlbefinden in der Zukunft

Vergegenwärtigen Sie sich nun Ihren Wunsch, den Sie für Ihre Gesundheit und Ihr Wohlbefinden haben. Was möchten Sie für Ihren Körper und Ihren Geist gerne verbessern? Stellen Sie sich mehrere Minuten lang intensiv den Idealzustand vor und empfinden Sie Freude und Dankbarkeit für diesen in der Zukunft liegenden angenehmen Zustand, als ob er heute schon da wäre.

In Kürze

Der wirksamste Weg zu Gesundheit und Wohlbefinden, zusätzlich zu aller physischen Unterstützung wie Ernährung, Bewegung und Unterstützung durch Experten, sind dankbare, kraftvolle Gedanken an Ihre Gesundheit in Vergangenheit, Gegenwart und Zukunft. Wiederholen Sie diese Übung bei Bedarf mehrmals täglich.

5.27 Inspiration: Umfeld und Wertschätzung

> *„Lasst uns dankbar sein gegenüber Menschen, die uns glücklich machen. Sie sind die liebenswerten Gärtner, die unsere Seele zum Blühen bringen.“*
>
> (Marcel Proust)

Unsere Biologie legt zwar fest, was aus uns werden könnte. Was aber tatsächlich aus uns wird und inwieweit wir unsere Wünsche verwirklichen, hängt von den Erfahrungen ab, die wir im Laufe unseres Lebens innerhalb unseres Umfeldes machen, in das wir hineinwachsen und in dem wir uns bewegen. Der bekannte Biologe Humberto Maturana beschreibt dies, zitiert im Buch von Gerald Hüther *Was wir sind und was wir sein könnten* wie folgt:

> „Nichts kann in uns oder mit uns geschehen, was unsere Biologie nicht erlaubt. Aber unsere Biologie legt nicht fest, was in uns geschieht. Was in einem lebenden System geschieht, ist abhängig von seiner gelebten Geschichte. Das heißt, das lebende System muss sein Werden in Interaktionen in einem operational unabhängigen Medium leben. Deshalb ist es schlichtweg falsch, von biologischer Determination zu sprechen. Wir Menschen sind biologische Wesen, die sich in einem kulturellen Raum verwirklichen.“
>
> (Hüther, 2011, S. 120)

Wenn wir für unsere Wünsche neue Wege beschreiten möchten, ist es sinnvoll, sich ein Umfeld zu schaffen, das diese Wunscherfüllung begünstigt. Wir können uns Vorbilder suchen, von denen wir lernen können. Vorbilder eröffnen neue Erfahrungshorizonte und können das Wachstum begünstigender innerer Haltungen fördern. Bewertungen ändern sich und mit diesen neuen Bewertungen auch der Blick für das, worauf es im Leben ankommt. Vielleicht ist es ein Bekannter, der begeistert von seinem persönlichen beruflichen Umfeld im Gesundheitswesen berichtet und der Steuerberaterin Mut macht, ihren gut bezahlten, anspruchsvollen, aber auch sehr fordernden und zuweilen unpersönlichen Beruf zugunsten von mehr Sinnhaftigkeit zu hinterfragen. Man kann solche Wandlungsprozesse auch bei Kindern und Jugendlichen verfolgen, die einen gelungenen Klassen- oder Schulwechsel erleben durften. Aus desinteressierten Lernmuffeln oder aus Jugendlichen, zermürbt durch die tägliche Abwertung der frustrierten Lehrperson, werden plötzlich offene und interessierte junge Leute. Auch bei geglückten Arbeitsplatzwechseln wird die Bedeutung des Umfeldes für die persönliche Entwicklung sichtbar. Jemand ist an seinem alten Arbeitsplatz unglücklich und fühlt sich in seiner Potenzialentfaltung eingeschränkt. Mit einem Wechsel in ein neues, günstiges kulturelles Umfeld entwickelt man sich weiter.

Ein gelungener Umgebungswechsel fördert das (Wieder-)Entdecken der eigenen Experimentier- und Entdeckerfreude, Gestaltungslust und die Offenheit gegenüber neuen Erfahrungen. Zudem erwachsen Selbstvertrauen und Mut, sich neuen Herausforderungen und Chancen zu stellen, und die Zuversicht, Probleme und Konflikte lösen zu können.

Prüfen Sie deshalb, ob Sie sich durch Ihr derzeitiges Umfeld in Bezug auf Ihre Wunscherfüllung genügend gestärkt und inspiriert fühlen.

- In welchem Umfeld fühle ich mich in Bezug auf meine Wunscherfüllung besonders wohl?
- Von welchen Menschen kann ich lernen? Wer sind meine Vorbilder und wie komme ich mit ihnen in Kontakt?
- In welchen Umfeldern bewege ich mich?
- Benötige ich für meine Wunscherfüllung ein verändertes Umfeld?

Folgendermaßen können wir positiv auf unser Umfeld einwirken: Wer seine Wünsche realisieren möchte, sollte in Beziehungen denken und in Beziehungsfähigkeit investieren. Erst Beziehung ermöglicht es, miteinander und aneinander zu wachsen. Die Voraussetzung für gute Beziehungen ist gegenseitige Wertschätzung. Die Wertschätzung des anderen als eine Quelle von Wissen und Erfahrungen eröffnet uns neue Türen. Üben Sie sich in den nächsten Tagen damit, anderen Menschen mit aufrichtiger Wertschätzung entgegenzutreten, und beobachten Sie, wie sich dies auf Ihre Beziehungen auswirkt.

In Kürze

Sich ein Umfeld schaffen, das uns bei unserer Wunscherfüllung unterstützt. Wertschätzung verschenken, um Beziehungen als Quelle unserer Weiterentwicklung zu stärken.

5.28 Inspiration: Eigene Wünsche von fremden Wünschen unterscheiden

„Mögen hätt ich schon wollen, aber dürfen hab ich mich nicht getraut.“

(Karl Valentin)

Jeder Wunsch und jedes Ziel stellt eine Beziehung zu Menschen dar. Entweder zu mir selbst. Oder zu anderen Menschen. Wir können uns folglich die Frage stellen: „Wenn ich mir diesen Wunsch erfüllt habe, zu wem bin ich dann wie in Beziehung gegangen?“ Mit Hilfe dieser Frage können wir klären, ob die Wunscherfüllung eher *selbstbezogen* oder *fremdbezogen* ist. Selbstbezogene Wünsche und Ziele dienen mir selbst, fremdbezogene Wünsche und Ziele anderen Personen. Der Wunsch nach einem erfüllenden Job ist eher selbstbezogen, da er meine persönlichen Bedürfnisse befriedigt. Der Wunsch, die alten Eltern zu betreuen, ist eher fremdbezogen, da er die Bedürfnisse anderer Menschen befriedigt. Zugleich lassen sich Wünsche nicht eindeutig in die eine oder andere Kategorie einordnen. Es ist sehr wichtig, eine gesunde Balance zwischen selbst- und fremdbezogenen Wünschen anzustreben, um sowohl sich selbst gut zu versorgen als auch Lebenssinn durch die Unterstützung anderer Menschen zu erfahren.

Testen Sie hier gleich einmal die Balance zwischen Ihren selbstbezogenen und fremdbezogenen Wünschen, indem Sie die Wünsche auf Ihrer Wunschliste einer der beiden Kategorien zuordnen:

Selbstbezogene Wünsche	**Fremdbezogene Wünsche**
(Die Wunscherfüllung kommt mir selbst zugute)	(Die Wunscherfüllung kommt anderen zugute)

Es gibt eine weitere, sehr interessante Unterscheidung: Nämlich die wichtige Frage, ob die Wünsche auf unserer Wunschliste nun tatsächlich *selbstbestimmt* sind. Entspringen Sie unserem freien Willen? Oder hat sich klammheimlich ein pseudoselbstbestimmter Wunsch als trojanisches Pferd auf unsere Liste geschmuggelt, der sich bei genauerer Analyse als Wunsch eines anderen entpuppt? Bestimmen wir selbst oder werden wir bestimmt? Wer möchte eigentlich, dass ich einen bestimmten Wunsch oder ein Ziel verfolge? Warum lesen Sie dieses Buch? Und warum habe ich es geschrieben? Ist das, weil wir es selbst so entschieden haben oder weil die Umstände es herbeigeführt haben, ohne dass wir wirklich eine eigene Wahl gehabt hätten?

Mit *selbstbestimmt* soll im Allgemeinen gemeint sein, dass wir

- Wünsche und Ziele haben, deren Autor unser waches Bewusstsein ist und die ich subjektiv als von mir selbst gewählt und zugehörig erlebe,
- diese Wünsche, Ziele und Entscheidungen durch unser bewusstes Denken und Handeln in die Tat umsetzen können,
- bewusst agieren und nicht nur reagieren,
- uns nach unserem Willen unabhängig und frei entscheiden können,
- für unsere Entscheidungen und unser Handeln als Urheber verantwortlich sind.

Fremdbestimmt sind wir demnach, wenn wir

- unsere Wünsche und Ziele nicht selbst wählen können und subjektiv erleben, dass andere Menschen möchten, dass wir diese verfolgen,
- gewissermaßen „Opfer" der uns bestimmenden äußeren oder inneren Faktoren und deshalb auch nicht verantwortlich sind,
- Nicht wissend, „blind" oder unbewusst reagieren,
- keine eigene bewusste Wahl und keinen freien Willen haben.

Das Wort „Selbst" ist also Ausdruck für unser waches Bewusstsein, das sich seiner selbst und der Welt bewusst ist. Es erlebt sich als Autor des eigenen Denkens, Fühlens und Handelns. „Fremd" ist alles andere. Selbstbestimmung führt zwingend auch zur Selbstverantwortung, denn wenn wir frei entscheiden können, was wir tun oder nicht tun, dann sind wir logischerweise auch für die Folgen dieser Entscheidungen verantwortlich. Selbstbestimmung darf deshalb nicht mit Willkür oder einem Freipass zu reinem ichbezogenen Denken oder Handeln verstanden werden. Denn die Freiheit des Einzelnen endet da, wo die Freiheit des anderen Menschen beginnt. Die Ausgestaltung unserer persönlichen Selbstbestimmung darf nicht dazu führen, dass wir andere Personen in deren Selbstbestimmungsrecht einschränken.

Je stärker wir uns als Opfer der Umstände oder anderer Personen fühlen, desto eher erleben wir Wünsche und Ziele als fremdbestimmt. Fremdbestimmte Wünsche suche ich mir nicht selbst aus. Sie werden von außen an mich herangetragen. Wir gehen zur Arbeit, weil wir Geld verdienen müssen. Wir machen Ferien mit dem Fahrrad, weil der Freund gerne Rad fährt. Emotional lehnen wir fremdbestimmte Wünsche und Ziele ab. Wir erleben Stress in Form von Antriebslosigkeit, Lähmung, Angst oder Wut, wenn wir uns dennoch um deren Erfüllung kümmern, weil wir uns dabei selbst ein Stück weit aufgeben. Die Verwirklichung fremdbestimmter Ziele und Wünsche geht für gewöhnlich mit einem erhöhten Energiebedarf und reduzierter Produktivität einher. Je selbstbestimmter wir unsere Wünsche und Ziele erleben, desto leichter geht uns die Erfüllung von der Hand.

Was treibt uns an?

Was bestimmt unser Denken, Handeln und Fühlen? Unser Leben und unsere Wünsche selbst zu bestimmen, ist im Alltag gar nicht so einfach. Es gibt eine ganze Menge Einflussfaktoren, Institutionen und Personen, die bewusst oder unbewusst versuchen, unsere Entscheidungen zu beeinflussen, uns zu verführen oder zu manipulieren. Sammeln Sie doch einmal ein paar Aspekte, die Sie in Verdacht haben, Sie fremd zu bestimmen, quasi fernzusteuern:

Ich werde fremdbestimmt von:

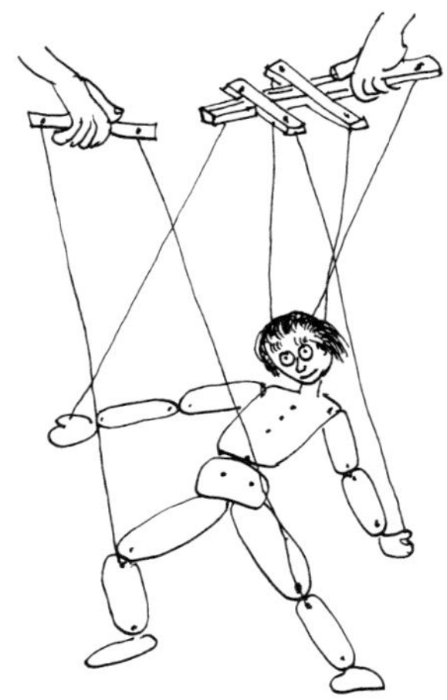

Vielleicht waren einige der folgenden Faktoren mit dabei:

Kulturelle Faktoren / Das „Müssen"

- Zeitdruck
- Gruppendruck
- Kulturelle Gebote und Verbote, z. B. ausgedrückt durch Massenmedien, Organisationen oder Personen

Unsere eigene biologische Natur

- Triebe, z. B. Fortpflanzung oder Appetit
- das Unbewusste, z. B. dazugehören zu wollen
- Veranlagung, z. B. ängstlich zu sein
- Gehirnprozesse

Die Gesetze der Physik

- Außentemperatur, z. B. in nördlichen Breitengraden, die uns dazu zwingen, uns warm anzuziehen

Ein unerkennbarer äußerer Einfluss

- Gottes Wille
- Eine nicht erkennbare, transzendente Wirklichkeit

Schnell sind wir geneigt, für ungenügende Selbstbestimmung oder unerfüllte Wünsche die Umstände oder andere Personen verantwortlich zu machen. Wenn wir unsere Selbstbestimmung nicht oder noch nicht ausleben können, sollten wir jedoch vorsichtig sein, die Schuld dafür anderen in die Schuhe zu schieben. Denn zur Manipulation werden immer mindestens zwei Beteiligte benötigt: Ein Beteiligter, der manipulieren will, aber auch ein Beteiligter, der die Manipulation zulässt.

Der Psychoanalytiker Viktor Frankl, der die Konzentrationslager der Nationalsozialisten überlebte, hat darauf hingewiesen, dass man einem Menschen jegliche Freiheit nehmen kann, aber nicht die Freiheit, sich zu entscheiden, wie man auf Zwang und Unterdrückung reagiert (Frankl, 2009). Für unser Thema bedeutet das: Man kann jeden fremdbestimmten Wunsch, zum Beispiel den der Eltern an die Tochter, Medizin zu studieren, ablehnen – und die Konsequenzen tragen – oder ihn zu einem selbstbestimmten Wunsch umwandeln.

Ein fremdbestimmter Wunsch kann zu einem selbstbestimmten Wunsch werden

Wie das geht, lernen wir aus Mark Twains Geschichte „Tom streicht einen Zaun" (Twain, 2011), in der Tom mitten in den Sommerferien von seiner Tante Polly wegen einer Missetat zum Streichen eines endlos langen Zauns verdonnert wird, während sich seine Kameraden vergnügen. Tom tut kurzerhand so, als ob er am Streichen des Zaunes wahrhaftige Freude empfinden würde, pfeift und singt beim Arbeiten, während seine Freunde sich immer mehr zu langweilen beginnen. Am Ende der Geschichte entschädigen die Kameraden Tom sogar, um selbst ein Stück des Zauns streichen zu dürfen! Sie haben sich das Zaunstreichen als selbstbestimmten Wunsch auserkoren und sogar noch dafür bezahlt, weil sie sich Vergnügen erhofften.

Ein fremdbestimmter Wunsch kann demnach zu einem selbstbestimmten Wunsch werden, wenn man ihn zu seinem eigenen Wunsch macht. Wir müssen uns lediglich die Frage nach dem Wofür stellen. Wofür könnte ich dieses Ziel oder diesen Wunsch auch wollen, auch wenn andere es ursprünglich von mir wollten? Ein berühmtes Beispiel für die Fähigkeit, auch extreme Formen von fremdbestimmten Zielen in selbstbestimmte Ziele zu verwandeln, ist Nelson Mandela, der die Jahre im Gefängnis nutzte, um anderen Menschen Lesen und Schreiben beizubringen.

Das klingt ja nach Selbstmanipulation, werden Sie nun vielleicht denken. Doch ist es bei unvermeidlichen Dingen nicht angenehmer, für sich das Beste daraus zu machen? Zum Beispiel beim lästigen Schneeschippen, dessen Verweigerung die Hausverwaltung und die Nachbarn uns ankreiden würden, Freude an der körperlichen Betätigung zu empfinden? Zugleich dürfen wir danach streben, so wenig fremdbestimmt zu müssen und so viel selbstbestimmt zu wollen, wie nur irgend möglich.

Die Ursachen des fremdbestimmten Müssens

Wir haben gelernt, dass unsere Handlungen, auch diejenigen, die wir ausführen, um uns einen Wunsch zu erfüllen, Konsequenzen haben. Manche dieser Konsequenzen „mögen" wir und versuchen, sie zu erreichen; manche andere mögen wir nicht und versuchen, sie zu vermeiden. Wir wollen nicht, dass die Nachbarn schlecht über uns reden. Wir wollen unseren Arbeitsplatz behalten. Wir wollen nicht ins Gefängnis. Wir wollen „etwas erreichen" im Leben. Vor allem wollen wir nicht aus der Gemeinschaft ausgestoßen werden.

Im Alltag benennen wir die Ursachen des Müssens ganz verschieden: Zeitdruck, Gruppendruck, die ökonomische Lage, religiöse Gebote usw. Für das Müssen gibt es immer einen Grund. Wir sind in Facebook, weil alle anderen auch drin sind oder um die Kinder dort zu beaufsichtigen. Wir haben ein Handy, weil man heutzutage einfach eins braucht. Wir machen Überstunden, sind ständig erreichbar und arbeiten ohne Pause, weil es von uns erwartet wird. Wir hängen einem Schönheitsideal an und machen Diät oder kaufen eine teure Gesichtscreme. Wir wollen in der Gemeinschaft – „unserer" Kultur oder Subkultur – bleiben und dort eine respektable Position erreichen. Manchmal ist es auch nur Bequemlichkeit. Es macht zu viel Mühe, zu tun, was man wirklich will. Müssen ist oft bequemer.

Selbstbestimmte Wunscherfüllung – wie vermeidet man manipuliertes Müssen?

Selbstbestimmung setzt voraus, dass wir uns über unsere eigenen Wünsche und Ziele im Klaren sind. Wir müssen wissen, was wir wollen bzw. was wir nicht wollen. Um ein selbstbestimmtes Leben zu führen und sich die wahrhaft eigenen Wünsche zu erfüllen, kommt man nicht drum herum, seine persönliche Bestimmung zu erkennen. Wenn wir uns als Menschen Ziele setzen oder Wünsche verfolgen, die mit unseren seelischen Lebenszielen nicht kompatibel sind, kann dies auf Dauer sehr verwirrend und frustrierend sein.

Wenn wir uns über unsere innersten Wünsche einigermaßen klar geworden sind, können wir uns bewusster an die Verwirklichung unserer Bestimmung machen. Denn wenn wir Klarheit haben, was wir uns wirklich wünschen, ist es viel schwieriger, uns zu manipulieren. Dazu ein einfaches Beispiel: Wenn wir mit einem detaillierten Einkaufszettel ins Kaufhaus gehen, kaufen wir in der Regel andere Dinge ein, als wenn wir ohne Einkaufszettel hineingehen. Mit Einkaufszettel wissen *wir*, was wir wollen. Ohne Einkaufszettel sind wir viel mehr den Verführungen *anderer* ausgesetzt, den Spezialangeboten und Werbemaßnahmen der Händler und Produzenten. Selbstbestimmung setzt also klare Ziele und Wünsche voraus.

Wie entlarvt man fremdbestimmte Wünsche?

Die Wahl unserer Wünsche und die Kompatibilität dieser Wünsche mit unserem inneren Wesen sind nicht immer deckungsgleich. Oftmals tarnen sich fremdbestimmte Wünsche als vermeintlich selbstbestimmte Wünsche. Hierzu ein interessantes Beispiel:

BEISPIEL

Die Geschichte dazu hörte ich von einem Mann, Paul, der die Natur sehr liebte: Er hatte bereits einige leichtere Alpengipfel bestiegen, war körperlich gesund und bewegte sich gern draußen. Eines Tages wurde Paul von seinem Vorgesetzten eingeladen, mit ihm selbst und einem wichtigen Kunden eine geführte Bergtour zu unternehmen. Auf dem Programm stand der prächtige Piz Bernina, mit seinen 4049 Meter ü. M. der höchste Berg Graubündens. Als er zögerte und absagen wollte, weil er sich bewusst wurde, dass es für ihn nicht um eine Genusstour, sondern um harte Arbeit und Risiko ging, insistierten Chef und Kunde. Der Gruppendruck nahm zu. Der selbsterzeugte Druck im Innenleben Pauls ebenfalls. Doch anstatt sich dies einzugestehen und abzusagen, übernahm er den

Wunsch von Chef und Kunden. Paul interpretierte das fremdbestimmte Unterfangen kurzerhand zu seinem eigenen Wunsch um, „endlich einmal einen 4000-er erklommen zu haben!“. Sein Gehirn produzierte aus dem fremden Wunsch einen pseudoselbstbestimmten Wunsch. Der fremde Wunsch hatte sich wie ein trojanisches Pferd in die Wunschfantasie Pauls eingeschlichen. Plötzlich wandelte sich Müssen zu Wollen. Wie zu erwarten war, ging die Sache schief. Paul kam unterwegs schon bald an seine körperlichen und mentalen Grenzen, so sehr er auch bestehen wollte. Die Bergtour musste abgebrochen werden.

Paul ärgerte sich über sich selbst. Ihm wurde bewusst, dass er den fremden Wunsch zu seinem eigenen gemacht hatte. Außerdem nahm er es schwer, am Abbruch der Tour offenbar als Einziger schuld gewesen zu sein. War der Gipfelwunsch nun fremd- oder selbstbestimmt? Ich fragte Paul mit Hilfe des Fragewortes „wofür?“ nach seinen wahren Beweggründen. Es zeigte sich nach einigen Überlegungen, dass es eigentlich sein Wunsch war, einfach anerkannt zu werden. Vom Chef und vom Kunden. Als Mittel hierfür kam die Bergtour gerade recht. Als wir mit Hilfe der Frage „wofür?“ weiter nach dem Ursprung seines Wunsches forschten, der hinter dem Wunsch nach Anerkennung verborgen ist, kamen fast vergessene Erlebnisse und Wünsche aus der Kindheit zu Tage: die große Sehnsucht nach Angenommensein, ganz ohne Leistung. Dies wäre sein eigentlicher, tiefer Wunsch gewesen.

Fazit: Pauls tiefster Wunsch war der Wunsch nach Angenommensein. Dieser war ihm jedoch nicht bewusst. Stattdessen machte er den fremden Wunsch „Erfolgreiche Gipfelbesteigung“ infolge des Gruppendrucks zu seinem eigenen. Sein anfängliches Zögern war ein deutlicher Hinweis darauf, dass der Wunsch nicht seinem inneren Wesen entsprach. Die Bergtour war das falsche Mittel, sich den Wunsch nach Zugehörigkeit zu erfüllen.

Wie können wir selbstbestimmte und fremdbestimmte Wünsche besser voneinander unterscheiden?

Oftmals haben wir ein sicheres Gespür dafür, welche Wünsche uns selbst zutiefst entsprechen und welche weniger. Nutzen Sie Ihre Empfindungen dafür, selbstbestimmte und fremdbestimmte Wünsche voneinander zu unterscheiden. Nehmen Sie diejenigen Wünsche, bei denen Sie ein leises Störgefühl wahrnehmen, genauer unter die Lupe. Dieses Vorgehen können Sie für die vielen kleinen täglichen Entscheidungen „Mache ich oder mache ich nicht“ genauso einsetzen wie für die Erfüllung Ihrer großen Lebenswünsche. Hier ein Vorschlag, wie Sie Ihre Wünsche auf der Wunschliste auf Fremdbestimmung untersuchen können:

1. Notieren Sie Ihren ursprünglichen Wunsch:

2. Stellen Sie zu jedem Wunsch aufrichtig die Frage: „*Wofür* möchte ich wirklich, dass sich dieser Wunsch erfüllt?“

3. Notieren Sie den Wunsch, der sich hinter diesem Wunsch verbirgt. Formulieren Sie Ihren Wunsch neu: „Mein eigentlicher Wunsch ist, dass …“

4. Überprüfen Sie anschließend, ob sich der geplante Weg zur Wunscherfüllung tatsächlich hierfür eignet: „Ist der eingeschlagene Weg zur Wunscherfüllung wirklich der geeignete? Habe ich das richtige Mittel zum Zweck?“
5. Suchen Sie neue Wege, die Ihrem wahren Wunsch eher entsprechen: „Was könnte mich meinem eigentlichen Wunsch näher bringen?“

6. Passen Sie Ihren Wochenplan entsprechend an.

Kleine Alltagshilfe zum Schutz vor ungewollter Fremdbestimmung

Mit folgender kurzfristig wirksamen Strategie können wir auf freudvolle Weise das Maß an vermeintlicher Fremdbestimmung in unserem Leben wenigstens etwas einschränken. Dies unter der Annahme, dass „Glücklichsein" auf Ihrer Wunschliste steht. Denn die Erfüllung Ihrer wahren Wünsche wird Sie glücklich machen.

Stellen Sie sich vor, Sie laufen nach einem anstrengenden Tag von der Arbeit zur S-Bahn-Station. Ihnen steht der Sinn nach Belohnung für Ihre Mühen. Ihr Weg führt Sie durch die Innenstadt. Da taucht in einem Schaufenster dieser Traum von einem Mantel auf, der verspricht, Sie von den Alltagsstrapazen zu entschädigen. Sie werden magnetisch in das Geschäft hineingezogen. Wie nicht anders zu erwarten war, sehen Sie in dem Mantel fantastisch aus. Auch das Preisschild ist fantastisch – allerdings nicht für Ihr Konto. Um jetzt weder den Tücken des Selbstbetrugs „Ich habe es mir verdient …" und des Fremdbetrugs des smarten Verkäufers „Dieses Stück ist wie für Sie gemacht …" zu erliegen, ein kleiner Trick: Spazieren Sie vor Ihrer Entscheidung gemütlich einmal um den Block und fragen Sie sich genüsslich: „Macht mich diese Kaufentscheidung entscheidend glücklicher?" Sie werden untrüglich wissen, was zu tun ist und aus freien Stücken das für Sie Richtige entscheiden.

Die Frage „Macht mich XY tatsächlich entscheidend glücklicher?" kann ein prima Alltagshelfer inmitten der unzähligen Verführungen und Verpflichtungen sein, selbstbestimmt zu bleiben und sein eigenes Ding zu machen.

In Kürze

Ein untrügliches Zeichen, selbstbestimmte von fremdbestimmten Wünschen zu erkennen, ist das Maß an Glück, das wir empfinden, wenn wir an die Erfüllung des Wunsches denken.

5.29 Inspiration: Anderen bei der Wunscherfüllung zu helfen, setzt Energie für die eigene Wunscherfüllung frei

„Das Gute, welches du anderen tust, tust du immer auch dir selbst.“

(Leo Tolstoi)

Ein 79-jähriger Mann, der den plötzlichen Tod seiner Frau zu verkraften hatte, fühlte sich augenblicklich besser, als er der Tochter beim Umzug helfen und die kranke Schwester zum Geburtstag besuchen konnte. Unzählige Menschen leisten Woche für Woche Freiwilligenarbeit. Immer wieder sehen wir berührende Szenen im Alltag, in denen Menschen anderen Menschen helfen, z. B. der Jugendliche, der einer älteren Person über die Straße hilft oder in der überfüllten Tram den Sitzplatz anbietet. Eine wachsende Zahl von Personen absolviert Coaching-Ausbildungen mit dem Ziel, in ihrem Umfeld etwas Gutes bewegen zu können.

Ist das nicht schön? In einer Zeit, in der es immer wieder heißt, dass der eine sich nicht für den anderen interessiert und jeder angeblich für sich selbst kämpft? Wenn wir selbst über diesen Tatendrang sinnieren, kommen uns vielleicht Erlebnisse oder Zitate in den Sinn, die dieses Phänomen bestätigen.

„You know, it is very easy: Nice people get nice back“, sagte die junge Frau lächelnd an der Rezeption eines Gästehauses in Thailand, als sie dem freundlichen Gast den gewünschten Adapter für die Steckdose überreichte. Dies, nachdem sie fünf Minuten zuvor einen barsch und laut auftretenden anderen Gast harmlos lächelnd mit seinem Anliegen hatte abblitzen lassen.

Goethe drückte dieses sich gegenseitige Bedingen von Gutem folgendermaßen aus:

> Willst du glücklich sein im Leben,
> trage bei zu and're Glück.
> Denn die Liebe, die wir geben,
> kehrt ins eig'ne Herz zurück.

Helfen macht glücklich. Das haben die Glücksforschung und die positive Psychologie schon lange erkannt – und das ist auch wissenschaftlich nachgewiesen.

Dafür gibt es zahlreiche Gründe:

Die wohl stärkste und positivste Auswirkung hat das Helfen auf unser Selbstwertgefühl. Denn wenn wir jemandem helfen, dann machen wir die Erfahrung, dass wir etwas bewegen können. Beim Aufräumen des Naturschutzgebietes genauso, wie wenn wir etwas spenden oder bei der älteren Dame nebenan den Rasen mähen. Der Helfer macht die Erfahrung, dass er wichtig und wertvoll ist. Und das steigert sein Selbstwertgefühl. Wir bekommen Dankbarkeit und Anerkennung, wenn wir uns in den Dienst von jemand anderem stellen. Und wie schön es ist, einen echten Dank zu hören, das wissen wir alle aus eigener Erfahrung. Das fühlt sich richtig gut an.

Wir spüren dann die Verbundenheit zwischen uns Menschen. Ist das nicht etwas, was viele von uns vermissen? Das Gefühl von Zusammengehörigkeit und Füreinander-da-Sein? Zu erfahren, dass da noch andere Menschen sind, vielleicht komplett Unbekannte, denen das eigene Schicksal nicht egal ist – das ist eine ganz starke Erfahrung, die ein großes Gefühl von Sicherheit und Geborgenheit geben kann.

Einige Unternehmen haben diese Effekte für sich erkannt und initiieren groß angelegte Aktionen, in denen sich die Mitarbeitenden für ein soziales Projekt engagieren sollen. Denn man hofft, dass glückliche Mitarbeitende die bessere Leistung bringen. Diese Programme wirken sich nachweislich positiv auf das Arbeitsklima und die Leistungsbereitschaft aus – und dienen überdies noch einem guten Zweck.

Berufstätige, die nebenbei ehrenamtlich tätig sind, können Privatleben und Beruf überdies hinaus noch besser miteinander vereinbaren. Zu diesem überraschenden Resultat gelangt eine Studie der Universität Zürich. 746 volljährige Erwachsene wurden zu ihrem freiwilligen Engagement befragt. Jenes Drittel der Befragten, welches ehrenamtlich arbeitet, ist trotz der zusätzlichen Belastung zufriedener mit dem Verhältnis zwischen Berufs- und Freizeit. Die Autoren der Studie erklären das vorderhand paradoxe Ergebnis damit, dass „zusätzlich und freiwillig verrichtete Arbeit das Gefühl vermitteln kann, dass die eigene Zeit gut eingeteilt ist" (SNF, 10.2.2015).

Es müssen nicht immer Katastrophen vorangegangen sein, um als Gemeinschaft wieder ein Stückchen näher zusammenzuwachsen und füreinander da zu sein. Vielleicht hilft es schon, sich einfach manchmal das Zitat der thailändischen Rezeptionistin oder von Goethe in Erinnerung zu rufen und schon im ganz kleinen Rahmen aktiv zu sein: Die Einkäufe für jemanden zu erledigen, den Sohn des Nachbarn zur Schule zu bringen, einem Obdachlosen etwas Warmes zum Anziehen zu bringen, den Hausflurdienst für die gebrechlichen Nachbarn von oben zu übernehmen, dem älteren Arbeitskollegen einen Schnellkurs im Computerprogramm Excel anzubieten – oder einfach mal zu fragen: „Was wünschst du dir für diese Woche? Wie kann ich dich dabei unterstützen?"

Wir können eine Menge bereichernder Erfahrungen machen, indem wir uns für die Wünsche unserer Mitmenschen interessieren und dann unsere Unterstützung anbieten.

Was hat diese Uneigennützigkeit mit Wunscherfüllung zu tun? Ganz einfach: Das gute Gefühl, den Schwung und die positive Energie, die wir durchs Helfen erhalten, können wir für die Erfüllung unserer eigenen Wünsche verwenden – ganz egoistisch.

In Kürze

Die aufrichtig gestellte Frage: „Was wünschst du dir für diese Woche und wie kann ich dich dabei unterstützen?", sowie umsichtige Hilfsbereitschaft nützt dem anderen wie uns selbst gleichermaßen.

Genießen Sie die positiven Effekte Ihrer Hilfsbereitschaft und nutzen Sie den Schwung für Ihre eigene Wunscherfüllung.

5.30 Inspiration: Wunschlos glücklich – oder doch lieber neue Wünsche entdecken?

„Seit meiner Kindheit träume ich davon, den Nordpol zu erreichen, nun stehe ich auf dem Südpol."

(Roald Amundsen)

Wenn wir zur Welt kommen, sind wir nahezu ungeprägt und bereit, das zu lernen, was wir für unser Überleben und unsere Entwicklung als eigenständiger Mensch brauchen. Wir ahmen nach, nehmen auf und eignen uns Monat für Monat einen ungeheuer großen Erfahrungs- und Wissensspeicher an. Wenn Sie in der glücklichen Situation sind oder waren, kleine oder auch größere Kinder in Ihrer Umgebung zu haben, kennen Sie deren Wissensdurst, der sich in schier unendlichen Fragen und einer höchst kreativen Experimentierfreude ausdrückt. Mit fortschreitender Entwicklung, dem sich angesammelten Erfahrungsschatz, Bildung und den uns abverlangten Anpassungsleistungen nimmt unsere Offenheit für Neues langsam ab. Gewohnheiten und Routinen bilden sich heraus, die unser Gehirn effizient und mit weniger Energieverbrauch arbeiten lassen und uns Sicherheit und Wohlbefinden vermitteln. Wenn wir als erwachsener Mensch mit Neuem konfrontiert werden, gleichen wir dies unwillkürlich mit unserem gespeicherten Wissen ab, ordnen es ein und bewerten es. Neues, zu dem wir wenig oder keinen Bezug haben, dringt kaum noch zu uns vor, oder es erscheint uns suspekt, vielleicht sogar bedrohlich.

Stellen Sie sich eine Matinee für klassische Musik an einem Sonntagvormittag in einem vollen Konzertsaal vor. Auf dem in der Tageszeitung veröffentlichten Programm stehen die schönsten Ouvertüren bekannter Opern. Tatsächlich gespielt wird jedoch aufgrund einer Verwechselung ein Werk der Neuen Musik[1]. Die Tonalität, die für die klassische Musik typisch ist, erscheint vollständig gesprengt. Die Gebundenheit der Töne, Klänge und Akkorde an eine Tonart ist aufgehoben, was wiederum ein Verschwinden der Harmonie und eine entstehende Atonalität zur Folge hat. Können Sie sich die Reaktion des Publikums vorstellen? Wie viele Personen werden wohl offen sein für dieses neue Klangerlebnis, das ihnen nun überraschend angeboten wird? Diejenigen, die bereit sind, sich auf die ungewohnten Klänge einzulassen, werden möglicherweise nach einer Zeit des Sicheinhörens einen Zugang zu dieser für sie neuen Art von Musik entwickeln und am Ende den Konzertsaal bereichert und

---

1 Sammelbegriff für unterschiedliche Strömungen der komponierten, mitteleuropäisch geprägten Musik von etwa 1910 bis zur Gegenwart. Ihr Schwerpunkt liegt in Kompositionen der Musik des 20. Jahrhunderts. Sie ist insbesondere durch Erweiterungen der klanglichen, harmonischen, melodischen, rhythmischen Mittel und Formen charakterisiert.

inspiriert verlassen. Ein Teil des Publikums wird jedoch irritiert an der Kasse sein Eintrittsgeld zurückverlangen.

Nur zu gerne halten wir an unseren alten Gewohnheiten fest, vertrauen auf das Bestehende und bewerten unsere täglichen Wahrnehmungen durch die dicke Brille, die uns unser bisheriges Leben wie ein Optiker angepasst hat. So verhält es sich möglicherweise auch mit unseren Wünschen. Wir wünschen uns das, was wir uns vorstellen können. Denn was wir uns in unserem Geist nicht vorstellen können, ist für uns nicht existent. Darüber können wir folglich auch nicht sprechen, es nicht aufschreiben, es uns nicht ausmalen.

In seinem Buch *Wie unser Gehirn die Welt erschafft* (2010) beschreibt der englische Professor emeritus für Neuropsychologie Chris Frith unsere Wahrnehmung als ein Fantasiebild, das sich mit der Realität deckt. Unsere Wahrnehmung sei eine Vorhersage dessen, was in der Außenwelt sein sollte. Diese Vorhersage wird dann mit dem verglichen, was die Sinne tatsächlich ans Gehirn melden. Wenn es gut läuft, bemerken wir Fehler in der Vorhersage und passen unser Weltbild entsprechend an.

Kennen Sie die Geschichte der Eingeborenen in Amerika, die die Schiffe des Columbus zunächst nicht kommen sahen, da sie derartig gebaute Schiffe nicht kannten? Erst der Schamane, der seine Wahrnehmung gut geschult hatte, konnte sie mit Hilfe seiner Beobachtung des veränderten Wellenschlags ausmachen. Er konnte sein Weltbild anpassen. Ob sich diese Geschichte tatsächlich so zugetragen hat, wissen wir nicht. Sie ist jedoch eine lehrreiche Metapher dafür, wie herausfordernd es ist, sich auf gänzlich Neues einzulassen.

Doch woher kommen die Vorhersagen über die Welt, die uns manchmal behindern, Neues zu erleben? Viele Vorhersagen beruhen auf unseren eigenen Erfahrungen. So vermeiden wir es von vornherein, die uns unbekannte Frucht im asiatischen Lebensmittelmarkt zu probieren, weil wir uns vor einer unangenehmen Überraschung aufgrund früherer Erfahrungen schützen möchten.

Falls Sie zu den Menschen gehören, denen es schwerer fällt, einen Zugang zu ihren Herzenswünschen zu finden, könnte dieses Kapitel eine Inspirationsquelle sein. Für diejenigen Menschen, die wahrhaft offen sind für Neues, die ihre verdeckten Potenziale ausloten möchten, die Saiten in sich zum Klingen bringen möchten, die bisher stumm geblieben sind, die sich Wünsche erfüllen möchten, denen Sie sich bislang noch nicht bewusst gewesen sind, kann dieses Kapitel ebenso nützlich sein.

Vielfach entstehen Wünsche erst durch einen Impuls von außen, zum Beispiel während eines Gespräches. Allerdings wissen wir dann noch nicht, wie sich der erfüllte Wunsch und der Weg dorthin tatsächlich anfühlen werden. Schnell verlieren wir dann das Interesse daran. Deshalb benötigen wir Präsenz und Offenheit für die sich uns bietenden neuen Perspektiven. Wir brauchen die Bereitschaft, Neues zu lernen und Rückschläge in Kauf zu nehmen. Und schließlich die Fähigkeit, anderen Menschen zuzuhören, das Feuer in deren Augen wahrzunehmen, während diese sprechen, sich auszutauschen und am Ende den Entschluss zu fassen, es selbst zu probieren.

Falls Sie sich wünschen, sich einen Wunsch zu erfüllen, von dem Sie zum jetzigen Zeitpunkt noch gar nicht wissen, ob er existiert, empfehle ich Ihnen, Ihre Wahrnehmung und Ihre Offenheit für Neues zu trainieren. Während dieses Trainings, das eher als Abenteuerreise im Alltag bezeichnet werden kann, werden Sie eine Fülle neuer Anregungen erhalten.

Abenteuerreise zu neuen Wünschen

Probieren Sie eine oder mehrere der folgenden Anregungen aus, wenn Sie Ihre Offenheit für Neues trainieren möchten:

1. Kaufen Sie eine Woche lang nur Lebensmittel ein, die Sie nicht oder nur wenig kennen. (Ich selbst musste den köstlichen italienischen Frischkäse Burrata erst während unserer Italienferien durch ausdrückliche Empfehlung in einem Restaurant kennenlernen, ehe ich ihn zu Hause wie selbstverständlich neben dem Mozzarella im Kühlregal des Supermarktes liegen sah – ich hatte ihn vorher tatsächlich nicht gesehen.)
2. Bestellen Sie im Restaurant, Kantine oder Mensa Dinge, die Sie sonst nicht bestellen.
3. Stöbern Sie am Zeitungskiosk nach einer Lektüre über ein Fachgebiet, das Ihnen eher oder gänzlich unbekannt ist. Wenn Sie gewöhnlich Mountainbike fahren, lesen Sie doch z. B. das Tauch-Heft, wenn Sie eigentlich psychologieinteressiert sind, das Reisemagazin, wenn Sie den Haushalt führen, das Management-Heft.

4. Hören Sie Ihren Gesprächspartnern eine Woche lang bewusst sehr, sehr aufmerksam zu und beobachten Sie, bei welchen Erzählungen deren Augen leuchten. Dann fragen Sie nach und lassen sich in deren Erlebniswelt mitnehmen.
5. Wählen Sie ein ungewohntes Verkehrsmittel, z. B. den Bus anstatt des Zuges oder das Schiff anstatt der S-Bahn oder die Fahrgemeinschaft anstatt des eigenen Autos.
6. Sprechen Sie am Arbeitsplatz, im Kurs oder in der Schule von sich aus Ihnen unbekannte Personen an.
7. Wählen Sie bewusst unbekannte Wege, wenn Sie unterwegs sind.
8. Lesen Sie in der Zeitung diejenigen Artikel, die Sie sonst nie lesen würden.
9. Lassen Sie sich Ihnen unbekannte Filme und Bücher empfehlen.
10. Fragen Sie ganz unterschiedliche Personen, was in den letzten Monaten oder Jahren ihr bester Tag war und warum.
11. Lassen Sie sich beim Einkaufen von Kleidung, Schuhen oder Kosmetik unbefangen beraten und probieren Sie etwas Neues aus.
12. Stellen Sie für eine Woche Ihre Tagesroutine um. Wenn Sie normalerweise am Abend Sport treiben, tun Sie es morgens. Wenn Ihre Hauptmahlzeit für gewöhnlich aus dem Abendessen besteht, verlegen Sie diese auf den Mittag.
13. Fragen Sie andere Personen aktiv, bei welchen Aktivitäten oder Gelegenheiten sie ganz sie selbst und im Flow sind.
14. Begleiten Sie Menschen zu deren Aktivitäten, z. B. die Nachbarin zur Theaterprobe, den Freund zum Männerkochabend oder den Arbeitskollegen in seine Garage, wo er sein eigenes echtes Flugzeug baut.
15. Besuchen Sie Ihren Wohnort mit den Augen eines Touristen.
16. Und schließlich: Beginnen Sie den Tag, als ob Sie sich auf einer abenteuerlichen Expeditionsreise in Ihnen unbekannten Gefilden befinden und erwarten Sie Neues, Verblüffendes, Inspirierendes und Beglückendes.

Zweifelsohne werden Sie eine Fülle neuer Impulse erhalten. Das ein oder andere davon wird Sie vielleicht sehr ansprechen, vieles andere auch weniger. Verfahren Sie mit den Anregungen, die positive Gefühle in Ihnen ausgelöst haben, wie folgt:

- Halten Sie die Anregungen schriftlich fest, z. B. in Form einer Stichwortsammlung oder mit Hilfe der unten stehenden Mögliche-Wünsche-Matrix, die von der Grundstruktur der bekannten BCG-Matrix der Boston Consulting Group nachempfunden ist.
- Prüfen Sie insbesondere, bei welchen Anregungen Sie innerlich große Freude und wahrhaftes Interesse und Abenteuerlust aufgrund der Ausgefallenheit empfinden.
- Versuchen Sie in den Gebieten, die Sie interessieren, eine Art „Schnuppertag“ zu organisieren, um Ihre Empfindungen noch deutlicher wahrnehmen zu können.
- Wählen Sie denjenigen Bereich, der Sie am meisten beglückt und erfüllt, und formulieren Sie Ihren Wunsch, möglichst nur einen.

- Überschlafen Sie den Wunsch, bis Sie sich ganz sicher sind.
- Entscheiden Sie sich und beginnen Sie dann mit der Wunscherfüllung, bereit für eine ganz neue Erfahrung in Ihrem Leben.

Mögliche-Wünsche-Matrix

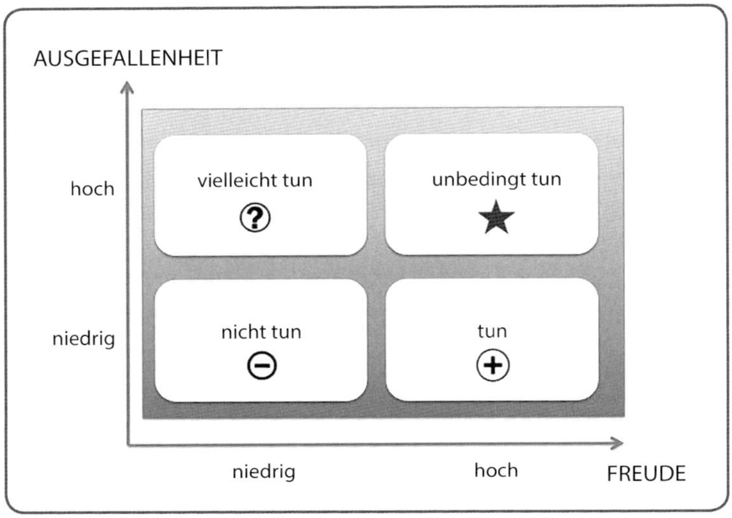

In Kürze

Offen und bereit bleiben, neue Wünsche zu entdecken. Diejenigen auswählen, die uns die meiste Freude und innere Erfüllung versprechen.

5.31 Inspiration: Die Schatzkiste der erfüllten Wünsche

„Ein Schatz, wird er mit Augen gesehen?“

(Johann Wolfgang von Goethe)

Angenommen, Ihr Wunsch, den ausgeschriebenen neuen Job zu bekommen, hat sich erfüllt. Sie hatten sich gut vorbereitet, erhielten den Zuspruch Ihrer Familien und Freunde, absolvierten ein Training im Beantworten von schwierigen Fragen und wurden von einer patenten Person in der Jobvermittlung beraten. Sie haben den Weg unter die Füße genommen, mehrere Interviews und ein Assessment gemeistert. Sie haben den langen Aufstieg zum Gipfel geschafft – der Vertrag liegt unterschrieben vor Ihnen. Es war anstrengend, hat Mut und starke Nerven gekostet. Nun stehen Sie quasi auf dem Gipfel und sind umgeben von einer fantastischen Bergwelt in Form neuer Möglichkeiten und Aussichten. Statt diesen Moment zu genießen und die Erfüllung Ihres Wunsches zu würdigen und zu feiern, treten Sie schon bald wieder den beschwerlichen Rückweg hinab ins Tal an: Sie marschieren ohne Pause weiter, indem Sie noch schnell vor Jobbeginn einen Kurs in Business-Französisch und Excel absolvieren. Wenn Sie ein solches Verhalten bei anderen beobachten würden, wären Sie wahrscheinlich verwundert.

Wo bleibt die Freude über die eigene Leistung, wo die Anerkennung, wo die Dankbarkeit über die Erfüllung dieses besonderen Wunsches? Die Leiterin einer Kommunikationsabteilung berichtete in einer Coachingsitzung, dass sie das Projekt zur Gestaltung des neuen Internetauftritts, welches sie am Anfang als sehr große Herausforderung wahrgenommen hatte, nun endlich erfolgreich abschließen konnte. In den nächsten Satz sprach sie über die als Nächstes anstehende Aufgabenstellung, die sie nun bearbeiten müsste. Auf die Frage, ob es sich bei dem gerade abgeschlossenen Projekt um jenes handelte, das sie vorher als so unerreichbar und schwierig beschrieben hatte, antwortete sie mit ja. Auf die Frage, wie sie den erfolgreichen Abschluss des komplexen Internetprojektes gefeiert habe, antwortete sie mit: „Gar nicht. Das ist mir überhaupt nicht in den Sinn gekommen.“

Kennen Sie solche Situationen ebenfalls? Kaum haben wir ein Wegstück hinter uns gelassen, sehen wir nicht dankbar zurück und freuen uns. Wir planen bereits das vor uns Liegende und vergessen, zu danken und uns zu freuen über das Geschenk des erfüllten Wunsches oder unseres Erfolges. Erfüllte Wünsche, Entwicklungsschritte oder Erfolge sind etwas Wundervolles. Auf dem Weg zu manchmal fernen Zielen ist es wichtig, am Ende und auch zwischendurch innezuhalten, zu sehen, welche Wegstrecke wir bereits zurückgelegt haben, und dieses zu würdigen. Anzuerkennen, was wir geleistet haben, welche Hilfe von anderen und welche Gnade uns zuteilwurde, und dies in Verbindung zu bringen mit reiner Freude und Dankbarkeit. Auf diese Weise können wir unser Glück vermehren, andere Menschen Anteil nehmen lassen, unsere Freude und Dankbarkeit teilen und zukünftig mit viel Elan und Motivation bei unserer Sache bleiben.

Wie können wir einen erfüllten Wunsch würdigen?

Das ist, wie so vieles, individuell sehr unterschiedlich. Grob können wir unterscheiden in eine Würdigung der Wunscherfüllung, die wir ganz mit uns selbst feiern. Wir können aber auch andere Menschen einbeziehen und unsere Freude und Dankbarkeit nach außen erkennbar zum Ausdruck bringen.

Wunscherfüllung im Stillen würdigen mit der Schatzkiste der erfüllten Wünsche

Eine sehr schöne Idee ist es, sich eine kleine Schatzkiste anzuschaffen. Das kann ein verstaubtes, vergessenes Kistchen aus dem Kinderzimmer sein, eine alte Schuhschachtel, ein bisher unbenutztes Geschenk ganz hinten aus dem Schrank, eine Flohmarkttrophäe, ein Reisesouvenir, etwas Selbstgebasteltes, ein schönes, extra für diesen Zweck neu erstandenes Stück oder was Ihnen sonst noch einfällt. Ihre Schatzkiste möchte mit erfüllten Wünschen gefüllt werden. Erfüllte Wünsche in Form von kleinen Gegenständen, die Sie an die Wunscherfüllung erinnern, mit Zetteln, auf denen Sie den erfüllten Wunsch aufschreiben, mit beschrifteten Steinen, mit einem Erinnerungsfoto usw. Was für ein Reichtum sich in diesem Kistchen ansammeln wird! Die Manifestation Ihrer erfüllten Wünsche.

Wenn Sie eher ein Mensch sind, der sich in den elektronischen Medien zu Hause fühlt, könnten Sie eine Powerpoint-Grafik Ihrer erfüllten Wünsche anfertigen. Diejenigen, die gerne schreiben, könnten Ihre Wunscherfüllung schriftlich festhalten und hin und wieder lesen. Naturfreunde pflanzen eine Blume oder ein Bäumchen als Erinnerung. Handwerklich oder künstlerisch Begabte könnten ein Bild malen oder eine Skulptur erschaffen. Oder einfach eine Kerze an einem besonderen Ort entzünden, die innere Schatzkiste füllen und ganz in diesem Moment verweilen.

Ein Gefühl von Dankbarkeit und das Gefühl von Fülle werden sich in Ihnen ausbreiten, jedes Mal, wenn Sie Ihre echte oder Ihre innere Schatzkiste öffnen. Diese Schatzkiste können wir ganz für uns betrachten und uns an ihr erfreuen. Wir können sie auch mit anderen teilen, davon erzählen, wie es dazu kam, dass sich unser Wunsch erfüllt. Berichten, was wir selbst getan haben, welche Hindernisse wir überwinden mussten, wer uns wie geholfen hat, wie wir am Ball geblieben sind und welche Fügungen uns zuteilwurden. Damit erzielen wir einen ähnlichen Effekt wie ein Kieselstein, der ins Wasser fällt und Kreise zieht. Wir können die Kraft der Wunscherfüllung auf andere übertragen.

Hervorzuheben ist unbedingt die stärkende Wirkung des Würdigens und Feierns erfüllter Wünsche: Wer sich bewusst macht, welche Wünsche, vielleicht sogar auch unausgesprochene und unbewusste, real geworden sind, wird insbesondere in Krisenzeiten besser mit Rückschlägen zurechtkommen. Wer sich vergegenwärtigt, was gelungen ist oder was auch ganz ohne eigenes Zutun geschenkt wurde, gewinnt an Vertrauen in sich selbst und das Leben. Ein gut gefüllter Rucksack mit Wunscherfüllungserfahrungen gibt Kraft für die Zukunft.

Die Wunscherfüllung mit anderen feiern

Vielleicht haben Sie auch Freude daran, die Erfüllung Ihres Wunsches mit anderen zu feiern. Wenn dem so ist, tun sie es! Feiern Sie ein ganz kleines oder ein großes Fest. Singen Sie, tanzen Sie, lachen Sie und geben Sie Ihrer Freude herzhaft Ausdruck. In anderen Kulturen werden beispielsweise nicht nur Geburtstage, sondern auch Entwicklungsschritte mit Ritualen und Zeremonien gefeiert.

Warum nicht ein eigenes Ritual erfinden? Die amerikanische Schriftstellerin Marlo Morgan erzählt in ihrem Buch *Traumfänger* die fiktive Geschichte einer Frau, die in Australien einem Aboriginestamm begegnet und an einem „Walkabout", einer rituellen Wanderung, teilnehmen darf. Eines Tages vollzieht ein jüngeres Mädchen des Stammes ein kleines Ritual ganz für sich allein, in dem sie feiert, was ihr von der Natur gegeben ist: Sie fand in einem Feld von vertrocknetem Unkraut eine schöne gelbe Blume und band sie sich wie ein Schmuckstück um den Hals. „Alle anderen versammelten sich um sie und sagten ihr, wie hübsch sie aussehe und dass sie eine sehr schöne Blume ausgewählt habe. Den ganzen Tag über machte man ihr immer wieder Komplimente. Das Gefühl, an diesem Tag besonders hübsch zu sein, ließ sie strahlen." Am Abend gab das Mädchen die Blume der Erde zurück. Sie war sehr dankbar und bewahrte sich die Erinnerung an all die Aufmerksamkeit, die ihr an diesem Tag zuteilgeworden war. „Man hatte ihr damit bestätigt, daß sie ein schöner Mensch war. Aber an dem Gegenstand, der ihr zu dieser Aufmerksamkeit geholfen hatte, hing ihr Herz nicht. Die Blume würde verwelken und als Humus wieder in den Kreislauf der ewigen Erde eingehen." (Morgan, 1995, S. 106)

Auch wenn Marlo Morgans Geschichte frei erfunden ist, kann sie uns in ihrer Einfachheit dennoch inspirieren, einer Gabe, einer Fügung, einem Geschenk oder auch einem Schritt zur Wunscherfüllung Ausdruck zu verleihen.

Ein Ritual markiert und unterstützt gleichzeitig den Übergang von einem Daseinszustand in den anderen. Am Ende der Wunscherfüllung kehren wir quasi wieder in unsere Gemeinschaft zurück, aber mit etwas Neuem. Ein Ritual zum Feiern der Wunscherfüllung darf eine kollektive Dimension haben. Es markiert das Hintersichlassen von etwas Altem und einen Neubeginn. Bei einer Feier bezeugt die Gemeinschaft der Anwesenden den Übergang, würdigt den zurückgelegten Weg und ermutigt für die Zukunft. Ähnliches passiert bei einer Geburtstagsfeier. Warum also nicht eine Art „Geburtstags“-Ritual zur Wunscherfüllung entwickeln? Mit besonderer Dekoration, Düften, Essen und Trinken, Geschenken, einem speziellen Kleidungsstück, einer anderen Frisur? Wir können auch etwas, das durch die Wunscherfüllung nun nicht mehr passend ist, weggeben oder vernichten. Sehr schön ist es auch, bei der Wunscherfüllung involvierten Personen zu danken. Oder sich mit einer kleinen Belohnung bei sich selbst zu bedanken.

Sich mit einer Belohnung bei sich selbst für die Wunscherfüllung bedanken

Wir dürfen uns selbst belohnen. Denn an jeder Wunscherfüllung sind wir in entscheidendem Maß selbst beteiligt. Und sei es „nur“ mit positiven Gedanken und dadurch, dass wir den Möglichkeitsraum für die Wunscherfüllung zur Verfügung gestellt haben. Was für jeden von uns eine Belohnung darstellt, ist sehr individuell. Reflektieren Sie, was Sie wirklich erfreut. Wählen Sie Aktivitäten und Dinge, die Sie sich sonst vielleicht nicht so häufig leisten und somit etwas Besonderes sind. Erfreuen Sie sich möglichst im unmittelbaren zeitlichen Zusammenhang mit dem erfüllten Wunsch, also nicht erst Monate später. Belohnungen müssen nicht immer Geld kosten. So können ein Bad im See, ein langer Spaziergang bei Sonnenschein oder Verweilen an einem besonderen Ort wunderschöne Geschenke sein. Eine Person, die lange nach einer neuen beruflichen Chance gesucht hatte, belohnte sich nach der Unterzeichnung des Arbeitsvertrages mit einer Wanderung von ihrem Zuhause zu einer großen Kirche. Sie lief viele Stunden durch den Regen, ließ die Dankbarkeit für ihre neue Chance in sich aufsteigen und stellte sich gedanklich auf den neuen Lebensabschnitt ein. Durchnässt in der Kirche angekommen feierte sie die Wunscherfüllung im Stillen mit dem Anzünden einer Kerze und einem anschließenden guten Cappuccino im Café nebenan.

Hier noch ein paar Beispiele:

Einen Blumenstrauß pflücken, tanzen gehen, Schlittschuh laufen, Champagner trinken, an einem speziellen Ort essen gehen, jemandem ein Geschenk machen, sich Zeit für ein besonders Buch nehmen, ein Zimmer umgestalten, ein Konzert besuchen, eine Massage, Freunde um eine Einladung bitten, ein Verwöhnwochenende, ein neues Kleidungsstück, Picknick mit Aussicht an einem weiß gedeckten Tisch, neue Schuhe, einen Spruch zu Hause aufhängen, eine Bootsfahrt, ein Feuer machen, etwas Besonderes für die Wohnung aussuchen, ein schöner Abend mit der ganzen Familie …

Ihnen fallen bestimmt noch eine Menge Dinge mehr ein.

In Kürze

Schaffen Sie sich eine echte oder innere Schatzkiste an, um Ihre erfüllten Wünsche darin zu bewahren und sich immer wieder an ihnen zu erfreuen. Gestalten Sie mit anderen ein kleines Wunscherfüllungsritual, um den Übergang vom Alten zum Neuen zu feiern. Und vergessen Sie nicht, sich bei sich selbst mit einer kleinen Belohnung zu bedanken.

Wer sich bewusst macht, welche (vielleicht auch unausgesprochenen und zunächst unbewussten) Wünsche real geworden sind, wird insbesondere in Krisenzeiten besser mit Rückschlägen zurechtkommen. Wer sich vergegenwärtigt, was gelungen ist oder was auch ganz ohne eigenes Zutun geschenkt wurde, gewinnt an Vertrauen in sich selbst und das Leben. **Ein gut gefüllter Rucksack mit Wunscherfüllungserfahrungen gibt Kraft für die Zukunft.**

5.32 Inspiration: Einladung zu Rückblick und Ausblick

„Am Ziele deiner Wünsche wirst Du jedenfalls eines vermissen: Dein Wandern zum Ziel."

(Marie von Ebner-Eschenbach)

Mit dem Begriff Achtsamkeit verbinden wir den Appell, uns gedanklich weniger in der Vergangenheit oder der Zukunft zu bewegen. Es heißt, man solle „im Hier und Jetzt" leben. Aber warum eigentlich? In seinem Roman *Nachtzug nach Lissabon* (2006) schreibt Pascal Mercier dazu:

> „Es ist ein Fehler, ein unsinniger Gewaltakt, wenn wir uns auf das Hier und Jetzt konzentrieren in der Überzeugung, damit das Wesentliche zu erfassen. Worauf es ankäme, wäre, sich sicher und gelassen, mit dem angemessenen Humor und der angemessenen Melancholie, in der zeitlich und räumlich ausgebreiteten Landschaft zu bewegen, die wir sind."
>
> (S. 286)

In Ihrem Buch *Mein allerbestes Jahr* sind Sie immer wieder aufgefordert worden, aus Ihrer Vergangenheit zu schöpfen, präsent zu sein in dem, was Sie gerade tun, um dieses für Ihre gewünschte Zukunft nutzen zu können.

Im Rückblick liegt eine große Kraft. Wir können dankbar erinnern, was uns mit oder ohne eigenes Zutun gelungen ist. Wir können ernten, lernen, Freude teilen und Schweres loslassen. Hierfür eignet sich jeder Zeitpunkt. Aber ganz besonders bieten sich die natürlichen Übergänge im Jahres- oder Lebensverlauf an: Die Sommer- oder Wintersonnenwende, der eigene Geburtstag, ein uns wichtiger Jahrestag, das Wochen- oder Monatsende oder auch die Zeit zwischen Weihnachten und Silvester. „Zwischen den Jahren", das ist eine besondere Zeit. Es sind Tage mit einem anderen Rhythmus. Lange Abende und heilige Nächte, Dunkelheit, in die das Licht der Weihnacht noch hineinleuchtet, bis sich die Tür öffnet zu einem neuen Jahr. Sie haben sich vielleicht von diesem Buch durch Ihr Jahr der Wunscherfüllung begleiten lassen. Sie haben vielleicht die Arbeitsblätter verwendet, vieles aufgeschrieben und damit ein einzigartiges Werk geschaffen. Ihre Wochenblätter sind voll mit positiven Aspekten Ihres Lebens, die sich während der zurückliegenden Zeit ereignet haben. Blicken Sie zurück auf diese Zeit der Wunscherfüllung. Es ist die Zeit zum Danken, zum Sichfreuen, zum Nachdenken und Aufräumen. Wenn Sie möchten, können Sie sich nochmals Zeit für eine Zeitreise nehmen:

- Phase 1: Blick zurück auf Ihr Jahr der Wunscherfüllung
- Phase 2: Blick auf das vor Ihnen liegende Jahr

Blättern Sie Ihre Wochenblätter nochmals durch und erfreuen Sie sich an all dem Guten, das Ihnen in dieser Zeit widerfahren ist. Mit welchen Wünschen sind Sie eingestiegen? Wo stehen Sie heute?

Jahresbilanz – das Beste des Jahres

Ich bin sehr dankbar für ____________________________________, weil

Welchen Menschen möchten Sie gedanklich oder persönlich danken, weil sie Sie im Jahr unterstützt oder Ihnen geholfen haben?

Jahresbilanz – Reflexion

Für meine Wunscherfüllung waren folgende meiner eigenen Beiträge nützlich:

Weniger nützlich dagegen waren folgende eigene Beiträge, die ich jetzt loslassen oder verändern möchte:

Genießen Sie diesen Rückblick aus vollem Herzen. Erfreuen Sie sich daran, Ihren Wünschen näher gekommen zu sein. Vielleicht hat sich ja der eine oder andere Wunsch in diesem Jahr erfüllt! Das wünsche ich Ihnen. Feiern Sie diese Freude. Feiern Sie auch Ihre persönliche Entwicklung, all die unerwarteten Geschenke, die Fügungen und natürlich Ihre ganz persönlichen Beiträge und Erfolge.

Wenn Sie dieses Jahr mit Schwierigem konfrontiert waren, mit Krankheit, Abschied, Ungerechtigkeiten oder vielleicht sogar mit einem Todesfall, nehmen Sie sich ganz besonders viel fürsorgliche Zeit für sich selbst. Schenken Sie sich Achtsamkeit und Mitgefühl. Viele Menschen fürchten sich vor Veränderungen und Abschieden und übersehen vielleicht, dass es die Abschiede sind, die ihnen Neues bringen. Wenn wir Abschied nehmen, gehört der Neubeginn ebenso dazu.

Ich wünsche Ihnen einen guten Neubeginn Ihres neuen Jahres der Wunscherfüllung. Danke, dass ich Sie auf Ihrem Weg begleiten durfte. Für das neue Jahr wünsche ich Ihnen mit den Worten von Hermann Hesse aus seinem Gedicht „Stufen" nur das Beste. „Und jedem Anfang wohnt ein Zauber inne, / der uns beschützt und der uns hilft, zu leben. / Wir sollen heiter Raum um Raum durchschreiten, / an keinem wie an einer Heimat hängen, / der Weltgeist will nicht fesseln uns und engen, / er will uns Stuf' um Stufe heben, weiten."

Wenn Sie sich ein weiteres Jahr der Wunscherfüllung wünschen, können Sie hier schon einmal Ihre drei Herzenswünsche notieren.

Meine Herzenswünsche für das neue Jahr:

1. ______________________________

2. ______________________________

3. ______________________________

Zum Schluss: Andere zur Wunscherfüllung ermutigen

„We rise by lifting others."

(Robert G. Ingersoll)

Falls Sie auf dem Weg zur Wunscherfüllung ermutigende Erfahrungen sammeln durften, haben Sie vielleicht Freude daran, auch andere Menschen hierzu einzuladen. Es kann sehr beglückend sein, die Rolle der Wunschfee zu übernehmen und durch eigenes Vorbild andere für die Wunscherfüllung zu inspirieren. Im Folgenden finden Sie einen Vorschlag für eine Struktur, wie Sie Ihre eigenen Erfahrungen reflektieren und anderen davon erzählen können:

1. Welchen für mich bedeutsamen Wunsch habe ich mir erfüllt?
2. Wie entstand dieser Wunsch?
3. Was war bei der Wunscherfüllung besonders hilfreich?
4. Was waren Hindernisse und wie habe ich diese überwunden?
5. Welchen Tipp möchte ich anderen für die Wunscherfüllung geben?

Gewähren Sie Einblicke in Ihre Wünsche und werden Sie zur Quelle der Inspiration für Ihr Umfeld.

Auf ↗ http://www.meinallerbestesjahr.com sowie auf ↗ http://www.junfermann.de (in der Mediathek zum Titel) können Sie von den Erfahrungen anderer lesen oder auch Ihre eigenen Erfahrungen mit anderen teilen.

Auf der nächsten Seite finden Sie nun abschließend eine Vorlage für Ihre Wunschliste. Sie können diese Version auch online zum Download finden oder sich hier einfach für eine ganz eigene Gestaltung inspirieren lassen.

Vorlage für Ihre Wunschliste

Mein Wunsch:

Mein Symbol für diesen Wunsch:

Mein Helfer für diesen Wunsch:

Meine Musik für diesen Wunsch:

Mein Wunsch:

Mein Symbol für diesen Wunsch:

Mein Helfer für diesen Wunsch:

Meine Musik für diesen Wunsch:

Mein Wunsch:

Mein Symbol für diesen Wunsch:

Mein Helfer für diesen Wunsch:

Meine Musik für diesen Wunsch:

Literatur

Bardill, L. (2001): *Der Beltrametti schlürft Spaghetti. 8 noch neuere Geschichten aus dem blauen Wunderland* (CD). Gümligen: Wigra Sound Service.

Dörner, D. & Reimann, R. (2004): „Die Auswirkung von selbstadressierten Fragen auf die Entwurfsqualität beim Konstruieren". *Zeitschrift für Psychologie*, 01/2004.

Ende, M. (1995): *Jim Knopf und Lukas der Lokomotivführer.* München: Omnibus Verlag (TB Ausgabe).

Fennell, M. J. (2005): *Anleitung zur Selbstachtung. Lernen, sich selbst der beste Freund zu sein.* Bern: Hans Huber.

Ferrari, E. (2011): *Wege aus dem Dilemma – Das Syst-Tetralemma: Ein Beides finden.* Aachen: Ferrarimedia.

Frankl, V. E. (2009): *... trotzdem Ja zum Leben sagen: Ein Psychologe erlebt das Konzentrationslager.* München: Kösel-Verlag.

Frith, C. (2010): *Wie unser Gehirn die Welt erschafft.* Berlin, Heidelberg: Springer Spektrum.

Gollwitzer, P. M. & Bargh, J. A. (Hrsg.) (1996): *The psychology of action – Linking cognition and motivation to behavior.* New York: Guilford Press.

Hillmann, Ch., Pontifex, M. B., Raine, L. B., Castelli, D. M., Hall, E. E. & Kramer, A. F. (2008): „The effect of acute treadmill walking on cognitive control and academic achievement in preadolescent children". *Neuroscience*, 159(3):1044–54.

Hüther, G. (2011): *Was wir sind und was wir sein könnten. Ein neuro-biologischer Mutmacher.* Frankfurt am Main: S. Fischer Verlag.

Knoblauch, J., Wöltje, J. (2008): *Zeitmanagement.* Haufe-Lexware.

Kuhl, J. (2001). *Motivation und Persönlichkeit. Interaktionen psychischer Systeme.* Göttingen: Hogrefe.

Langer, E. (2011): *Die Uhr zurückdrehen? Gesund alt werden durch die heilsame Wirkung der Aufmerksamkeit.* Paderborn: Junfermann Verlag.

Maturana, H. R. & Verden-Zoller, G. (1993): *Liebe und Spiel. Die vergessenen Grundlagen des Menschseins.* Heidelberg: Carl-Auer.

Mercier, P. (2006): *Nachtzug nach Lissabon.* München: btb.

Morgan, M. (1995): *Traumfänger.* München: Goldmann Verlag.

Morsella, E., Bargh, J. A. & Gollwitzer, P. M. (2009). *Oxford handbook of human action.* New York: Oxford University Press.

Neimann, S. (2015): *Warum erwachsen werden? Eine philosophische Ermutigung.* Berlin: Hanser Verlag.

Roam, D. (2013): *The Back of the Napkin – Solving Problems and Selling Ideas with Pictures.* New York: Penguin.

Rossi, E. & Nimmons, D. (2007): *20 Minuten Pause – Auf den Körper hören und Burn-out vermeiden.* Paderborn: Junfermann Verlag.

Sanford, K. & Wolfe, K. (2013): „What married couples want from each other during conflicts". *Journal of Social and Clinical Psychology*, 32/6, 674–699.

Satir, V. (2004): *Kommunikation, Selbstwert, Kongruenz. Konzepte und Perspektiven familientherapeutischer Praxis.* Paderborn: Junfermann Verlag.

Schulz von Thun, F. (2007): *Miteinander Reden. Das „Innere Team" und situationsgerechte Kommunikation.* Reinbek: Rowohlt Taschenbuch Verlag.

Schulz von Thun, F. & Stegemann, W. (2004): *Das innere Team in Aktion.* Reinbek: Rowohlt TB.

Schmidt, G. (2012): *Liebesaffären zwischen Problem und Lösung. Hypnosystemisches Arbeiten in schwierigen Kontexten.* Heidelberg: Carl-Auer.

Seligmann, M. (2005): *Der Glücksfaktor – Warum Optimisten länger leben.* Köln: Bastei Lübbe.

Senai, I., Albarracín, D. & Noguchi, K. (2010): „Motivating Goal-Directed Behavior Through Introspective Self-Talk: The Role of the Interrogative Form of Simple Future Tense". *Psychological Science,* 21(4): 499–504. (Einzusehen unter ↗ http://www.ncbi.nlm.nih.gov/pmc/articles/PMC3626423/ – letzter Zugriff am 28.04.2015).

Storch, M., Cantieni, B., Hüther, G. & Tschacher, W. (2006): *Embodiment. Die Wechselwirkung von Körper und Psyche verstehen und nutzen.* Bern: Hans Huber Verlag.

Stutz, P. (2003): *Alltagsrituale – Wege zur inneren Quelle.* München: Kösel-Verlag.

Twain, M (2011): *Tom Sawyer und Huckleberry Finn – Vollständige Ausgabe.* Köln: Anaconda Verlag.

Wild, P. (2008): *Vom Glück vorzukommen – Einführung in die Spiritualität.* Ostfildern: Matthias-Grünewald-Verlag.

Wild, P. (2006): *Wer langsam geht, geht weit – Alternativen zur Überholspur.* Ostfildern: Schwabenverlag.

Internet-Quellen

Eine Zen-Geschichte aus dem Osho-Tarot: Einzusehen unter:

↗ http://lebenunderkenntnis.blogspot.ch/2009/10/zen-geschichte-das-leben-annehmen-wie.html (letzter Zugriff am 28.04.2015).

Schweizerischer Nationalfonds zur Förderung der wissenschaftlichen Forschung (SNF): „Auch Erwerbstätige profitieren von Freiwilligenarbeit". Einzusehen unter:

↗ http://www.snf.ch/de/fokusForschung/newsroom/Seiten/news-150210-medienmitteilung-auch-erwerbstaetige-profitieren-von-freiwilligenarbeit.aspx (letzter Zugriff am 19.7.2015).

Abbildungsverzeichnis

Notizen

Notizen